出纳真账实操

从入门到精通

包红霏　田晓娜　甄洋◎著

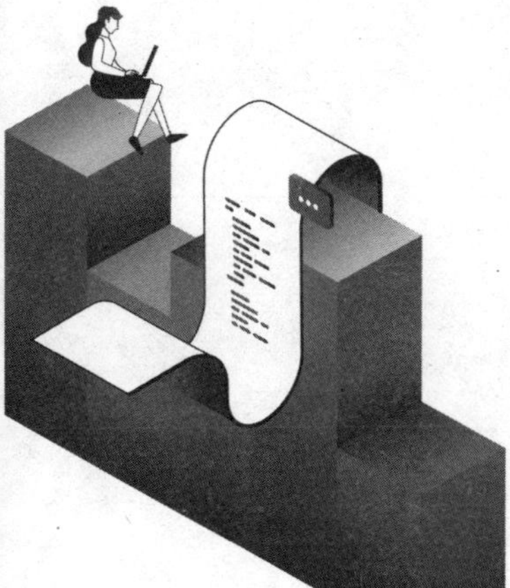

中国華僑出版社
北 京

图书在版编目（CIP）数据

出纳真账实操 ： 从入门到精通 / 包红霏， 田晓娜，
甄洋著. -- 北京 ： 中国华侨出版社， 2021.11
ISBN 978-7-5113-8643-4

Ⅰ. ①出… Ⅱ. ①包… ②田… ③甄… Ⅲ. ①出纳－
会计实务 Ⅳ. ①F231.7

中国版本图书馆CIP数据核字(2021)第194543号

● 出纳真账实操：从入门到精通

著　　者 / 包红霏　田晓娜　甄洋
责任编辑 / 江　冰
装帧设计 / 杨玉兰
经　　销 / 新华书店
开　　本 / 710毫米×1000毫米　1/16　印张 / 14　字数 / 90千字
印　　刷 / 唐山市铭诚印刷有限公司
版　　次 / 2021年11月第1版　2021年11月第1次印刷
书　　号 / ISBN 978-7-5113-8643-4
定　　价 / 49.80元

中国华侨出版社　北京市朝阳区西坝河东里77号楼底商5号　邮 编：100028
发行部：（010）64443051　传真：（010）64439708
网　址：www.oveaschin.com　E-mail：oveaschin@sina.com

前 言

PREFACE

有经济活动的地方，就一定有会计工作，会计工作的基础是出纳工作。出纳岗位是会计机构的重要组成部分，在企业的财务工作中，出纳有着不可忽视的作用。出纳岗位的职责是：按照有关规定和制度，办理本单位的现金收付、银行结算以及有关账务，保管库存现金、有价证券、财务印章以及有关票据等。

本书从一名会计入门者的角度出发，以务实的出纳工作为主线，共分为十二章：第一章到第三章介绍了出纳应掌握的会计基本术语、出纳应掌握的会计基本知识和出纳应具备的基本业务知识；第四章到第九章依次介绍了出纳的基础业务、出纳的现金管理业务、出纳的银行存款管理业务、出纳的工资发放业务、出纳的外汇结算业务、出纳的保险业务与税务业务；第十章到第十二章讲解了出纳工作岗位内部控制、Excel在出纳业务中的应用、会计电算化软件中出纳管理模块的常见问题及解决对策——以用友为例。

本书立足实践和应用，按照一定的逻辑顺序带领读者了解出纳工作的特点和运行规律。同时，本书以《企业会计准则》为依据，并根据最新的《中华人民共和国会计法》《现行外汇管理条例》等法律法规进行编撰，可作为财务、出纳等从业者的培训用书。

本书由沈阳建筑大学包红霏教授提出框架设计并最后统撰定稿。编写团队由沈阳建筑大学教师和具有企业实践经验的会计师组成。此外，吕思淼、王聪、刘明宸也为本书的编写做了搜集资料、校对等工作。本书在编写过程中借鉴并参考了国内外一些已出版和发表的著作与文献，以及专家学者的论述和建议，在此一并表示衷心感谢！

目 录
Contents

第一章

出纳应掌握的会计基本术语

第一节　什么是会计

一、会计的产生与发展

会计的产生离不开人类社会生产活动的发展和经济管理的需要。随着人类社会生产活动的发展，会计的工作内容逐渐拓展，成为一项单独的工作，并产生了专门从事这一工作的人员。

具有独立职能的会计，需要采用较为系统、科学的计量与记录方法。15世纪末期，单式簿记方法应运而生并不断发展，这一时期一般被称为古代会计（古代簿记）时期。

1494年，《算术、几何、比及比例概要》著作中阐述的复式簿记标志着近代会计（近代簿记）的开端。

20世纪50年代，会计在传统职能的基础上又朝着以预测、决策会计为主要内容的管理会计发展。

目前，随着大数据、人工智能、互联网等先进信息技术与会计工作的融合，财务共享服务模式为企业提供了实时、全方位的信息。

二、会计的目标

要学习和掌握会计，首先要明确会计的目标是什么，即要明确向哪些使用者提供什么标准的会计信息。

我国《企业会计准则——基本准则》中对会计的目标（财务会计报告的目标）做了明确规定：是向财务会计报告使用者提供与企业财务状况、经营成果和现金流量等有关的会计信息，反映企业管理层受托责任履行情况，有助于财务会计报告使用者作出经济决策。

上述会计的目标，可以分为两个方面理解：一方面是“受托责任观”，如资金所有者（委托人）对企业管理层（受托人）能否很好地管理其资金进行评价和考核等；另一方面是“决策有用观”，如有助于潜在投资者作出投资决策，有助于债权人作出借贷决策等。由此可以看出，我国《企业会计准则——基本准则》中对于会计的目标（财务会计报告的目标）实际上兼容了受托责任观和决策有用观，是一种更全面的会计目标。

三、会计的含义

中国注册会计师协会组织编写的《会计》教材中对会计的定义为：会计是以货币为主要计量单位的反映和监督一个单位经济管理活动的一门技术。

会计既可以理解为一个经济信息系统，也可以理解为一种经济管理活动。从经济信息系统角度来看，会计是一个由经济业务原始信息输入和通用商业语言信息输出连接而成的信息系统，即会计提供经济活动所需的信息；从经济管理活动角度来看，会计是一种通过对经济活动进行规划、组织、控制和指导，旨在提高经济效果的管理活动。此外，随着信息化、国际化进程的加快，作为国际通用商业语言的会计，其含义也在不断丰富和发展当中。

本书认为，会计的含义与会计目标一样，基于不同的理论和视角进行归纳和概括，会有不同的表述。因此，会计的定义也具有兼容性。

四、会计的对象

根据会计的定义，会计以货币为主要计量单位进行反映和监督，而以货币表现的经济活动通常又被称为资金运动，因此，会计的对象也就是资金运动。

资金运动可分为投入环节、运用环节（资金循环与周转）和退出环节。以工业企业为例，在运用环节，资金运动又分为供应（或购买）、生产、销售三个环节。在资金运动中，资金形态经历了货币资金、储备资金、生产资金、成品资金、结算资金，最后又变成货币资金的过程。

对会计的对象进一步划分，又分为资产、负债、所有者权益、收入、费用和利润六要素。会计要素的分类及特点在本章第三节中将详细展开叙述。把会计要素进一步细化，就是会计科目。会计科目内容在第二章中详细展开。

站在企业的角度，资金运动又通过一系列的交易或者事项来进行。交易是指单位与其他单位和个人之间发生的价值转移的交换，而事项是指在单位内部发生的具有经济影响的交换。

第二节　会计基本假设与会计基础

一、会计基本假设

会计基本假设是从人类长期实践活动中总结出来的，是对会计核算内容所处的空间、时间环境所作的合乎逻辑的推断。我国《企业会计准则——基本准则》有以下规定。

（一）会计主体

《企业会计准则——基本准则》规定，企业应当对其本身发生的交易或者事项进行会计确认、计量和报告。通俗地讲，会计主体强调的是“企业本身”这一空间范围和视角，企业本身以外的企业或者老板个人发生的经济行为不是该会计主体所要反映和监督的内容。

思考1-1：假设光明公司销售一批原材料给辉煌公司，光明公司已经把货物发送到辉煌公司的仓库，辉煌公司尚未支付货款。以光明公司为会计主体，如何反映这笔经济业务?

在上述思考中，如果以光明公司为会计主体，那么只有光明公司本身发生的交易或者事项才能加以确认和计量，与光明公司本身无关的原材料的增加、应付账款的增加，光明公司都不予以反映。因此，以光明公司为会计主体，一方面可以增加销售收入，另一方面可以增加一笔应收账款。

会计主体不同于法律主体。一般来说，企业作为一个法律主体，应当建立会计核算体系，独立反映其财务状况、经营成果和现金流量，即法律主体也是一个会计主体。但是，会计主体不一定是法律主体。比如在企业集团里，一家母公司拥有子公司，母公司、子公司均为独立的法律主体（也各为一个会计主体），为了全面反映该企业集团的财务状况、经营成果和现金流量，就有必要将该企业集团的财务状况、经营成果和现金流量予以综合反映，因而该集团的子公司虽为一个会计主体，却不是一个法律主体。

（二）持续经营

《企业会计准则——基本准则》规定，企业会计确认、计量和报告应当以持续经营为前提。一般来讲，在可以预见的将来，企业不会面临破产清算。

思考1-2：一家制造企业，花100万元购买一台能用10年的生产设备的目的是什么？如果现在该企业破产清算，全新的设备用于抵债，那么它还值100万元吗？

在上述思考中，如果是在持续经营的前提下，当企业取得生产设备时，能够确定是为生产产品、提供劳务、出租或者经营管理而持有的，因此可以按支付的所有价款100万元作为固定资产的账面成本，其磨损的价值在10年内按一定的折旧方法计提折旧，并将其磨损的价值计入成本费用。如果企业面临破产清算，那么该固定资产只能按当时的公允价值抵偿债务。

持续经营是根据企业发展的一般情况所作的假设，一旦判定企业不符合持续经营的前提，就应当改变会计核算的方法。

（三）会计分期

《企业会计准则——基本准则》规定，企业应当划分会计期间，分期结算账目和编制财务会计报告。会计分期是指将一个企业持续经营的生产经营活动划分为连续、相等的期间，又称为会计期间。会计分期是持续经营的客观要求，按期编制财务会计报告，从而及时地向各方面提供有关企业财务状况、经营成果和现金流量的信息。

思考1-3：如果你是光明公司的会计信息使用者，想要了解企业的财务状况和经营成果，那么你希望光明公司在整个持续经营期间，是在破产清算时提供汇总会计信息，还是定期提供分期会计信息？使用哪种方式更有助于你及时作出相关决策？

在上述思考中，会计期间一般分为年、季、月。通常的会计期间是一年，按年度编制的财务会计报告也称为年报。我国《会计法》规定“会计年度自公历1月1日起至12月31日止”；《企业会计准则——基本准则》规定“会计期间分为年度和中期，中期是指短于一个完整的会计年度的报告期间”。

此外，我国《企业会计准则第30号——财务报表列报》规定：“判断流动资产、流动负债时所称的一个正常营业周期，通常是指企业从购买用于加工的资产起至实现现金或现金等价物的期间。正常营业周期通常短于一年，在一年内有几个营业周期。但是，也存在正常营业周期长于一年的情况，如房地产开发企业开发的用于出售的房地产开发产品、造船企业制造的用于对外出售的大型船只等，往往超过一年才变现、出售或耗用，但仍应划分为流动资产。当正常营业周期不能确定时，应当以一年（12个月）作为正常营业周期。”

（四）货币计量

《企业会计准则——基本准则》规定，企业会计应当以货币计量。资产和负债计量可以采取不同的计量单位，如数量计量、货币计量等。为了使企业的财务状况和经营成果具有可比性，需要货币这样一个统一的计量单位。

思考1-4：在光明公司的会计报表中，对于资产有两种计量方式，方式一是500根木料、2台机器设备、3项专利权、3项股权投资，方式二是3000元的木料、200 000元的机器设备、100 000元的专利权、60 000元的股权投资。你认为哪种计量方式更有利于汇总反映企业的总体财务状况，更有利于对比分析？

在上述思考中，在光明公司的会计报表中凡是能够用货币计量的，就可以进行汇总反映和对比分析。当然，有些影响企业财务状况和经营成果的因素并不是都能用货币计量的，如企业文化、品牌价值、地理位置、技术开发能力等，企业可以采用一些非货币指标作为会计报表的补充。

对货币计量这一会计前提的具体化，我国《会计法》规定，会计核算以人民币为记账本位币，业务收支以人民币以外的货币为主的单位可以选定其中一种货币作为记账本位币，但是编制的财务会计报告应当折算为人民币。

二、会计基础

会计基础，是指会计确认、计量和报告的基础，包括权责发生制和收付实现制。由于会计分期的基本假设，才产生了本期与非本期的确认，出现了应收、应付、预收、预付的会计处理，在确认收入和费用时，就产生了按照权利、责任发生期归属和按照收款、付款实现期归属的两种会计基础：权责发生制和收付实现制。

思考1-5：光明公司8月份收到辉煌公司5月份所欠的货款7000元，接下来分别从权责发生制和收付实现制两个角度来分析收入和费用的确认思路。

（一）权责发生制

权责发生制也称应收应付制，是指企业以应收应付为标准来确认收入和费用，即凡归属本期的收入和费用，不论款项是否实际收付，都确认为本期的收入和费用。在上述思考中，光明公司7000元的货款尽管是在8月份收到的，但它归属于5月份，故以应收应付为确认标准，在权责发生制下，应将7 000元确认为该公司5月份的收入。

（二）收付实现制

收付实现制也称实收实付制，是指企业以实收实付作为标准来确认本期的收入和费用，即凡是本期实际收到款项的收入和付出款项的费用，不论款项是否归属于本期，都确认为本期的收入和费用。在上述思考中，因为光明公司实际收到款项的时间是8月份，所以在收付实现制度下，应将7000元确认为该公司8月份的收入。

我国《企业会计准则——基本准则》规定："企业应当以权责发生制为基础进行会计确认、计量和报告。"在我国现行的财务报告体系中，资产负债表和利润表都是以权责发生制为基础的，反映了企业的财务状况和经营成果。为了弥补权责发生制信息的局限性，现金流量表是以收付实现制为基础的，它向投资者和债权人提供了一套比较完整的现金流量资料，以帮助报告使用者更好地评价企业的盈利质量。

一家企业进行会计核算的过程实际上是一个会计确认、计量和报告的过程。也就是说，企业交易或者事项所产生的数据是否和如何在会计凭证、账簿中加以确认和计量，以及如何把账簿中的信息和其他数据转化为财务报告信息。接下来详细阐述如何进行会计确认、计量和报告。

第三节　会计确认

会计确认有狭义和广义之分。一般来说，会计确认主要解决交易或者事项“应否确认、何时确认、如何确认”三个问题。狭义的会计确认解决的是交易或者事项是否要进行会计核算、在什么项目中核算，即“应否确认、何时确认”这两个问题。如果加上第三个问题“如何确认”，则表达的是广义的会计确认。

本节主要探讨会计确认中首先要解决的定性问题，即企业应当按照交易或者事项的经济特征确定会计要素。会计要素是对会计对象进行的基本分类。我国《企业会计准则——基本准则》中规定的会计要素有6个：资产、负债、所有者权益、收入、费用和利润。资产、负债、所有者权益称为静态要素，收入、费用和利润称为动态要素。同时，在《企业会计准则——基本准则》第十一条中要求，“企业应当采用借贷记账法记账”。

一、资产

资产是指企业过去的交易或事项形成的、由企业拥有或控制的、预期会给企业带来经济利益的资源。

根据《企业会计准则——基本准则》，资产有如下特点：第一，“前款所指的企业过去的交易或者事项包括购买、生产、建造行为或其他交易或者事项。预期在未来发生的交易或者事项不形成资产”，如计划购入的机器设备等。第二，“由企业拥有或者控制，是指企业享有某项资源的所有权，或者虽然不享有某项资源的所有权，但该资源能被企业所控制”，如融资性租入固定资产。第三，"预期会给企业带来经济利益，是指直接或者间接导致现金和现金等价物流入企业的潜力"，如厂房设备、原材料等可以用于制造商品或提供劳务，出售取得的货款即给企业带来的经济利益。

符合《企业会计准则——基本准则》规定的资产定义的资源，在同时满足以下条件时，确认为资产：

（1）与该资源有关的经济利益很可能流入企业。

（2）该资源的成本或者价值能够可靠地计量。

符合资产定义和资产确认条件的项目，应当列入资产负债表；符合资产定义、但不符合资产确认条件的项目，不应当列入资产负债表。

我国的资产负债表对资产按流动性分类和列示。流动资产是指那些在一年或者超过一年的一个营业周期内变现的资产，如应收账款、存货等。固定资产、无形资产的变现周期往往在一年以上，所以被称为非流动资产。

二、负债

负债是指企业过去的交易或者事项形成的、预期会导致经济利益流出企业的现时义务。如果把资产理解为企业的权利，那么负债可以理解为企业所承担的义务。

根据《企业会计准则——基本准则》，负债具有如下特点：第一，负债是由过去的交易或事项形成的。企业将来发生的承诺、签订的合同等交易或者事项，还没发生实际交易，不形成负债。第二，负债是现时义务。现时义务是指企业在现行条件下已承担的义务。未来发生的交易或者事项形成的义务不属于现时义务，不应当确认为负债。第三，负债预期会导致经济利益流出企业。一般来说，企业在履行偿还义务时，如支付现金、提供劳务、将负债转为资本等，会导致经济利益流出企业。同时，未来流出的经济利益的金额能够可靠地计量。

符合《企业会计准则——基本准则》规定的负债定义的义务，在同时满足以下条件时，确认为负债：

（1）与该义务有关的经济利益很可能流出企业。

（2）未来流出的经济利益的金额能够可靠地计量。

符合负债定义和负债确认条件的项目，应当列入资产负债表；符合负债定义、但不符合负债确认条件的项目，不应当列入资产负债表。

我国资产负债表按偿还期限的长短，将负债分为流动负债和非流动负债。预期在一年或一个营业周期内到期清偿的债务属于流动负债，如预收账款、短期借款等。应付债券、长期应付款的偿还期限在一年以上，属于非流动负债。

三、所有者权益

所有者权益是指企业资产扣除负债后由所有者享有的剩余权益，又称为净资产。公司的所有者权益又称为股东权益。

所有者权益的来源包括所有者投入的资本、直接计入所有者权益的利得和损失（其他综合收益）、留存收益等。所有者投入的资本是指所有者投入企业的所有资本，对应注册资本或者股本的部分计入实收资本（或股本），超过注册资本或者股本的部分，即资本溢价或股本溢价计入资本公积。直接计入所有者权益的利得和损失，是指不应计入当期损益、会导致所有者权益发生增减变动的、与所有者投入资本或向所有者分配利润无关的利得或者损失。其中，利得是指由企业非日常活动所形成的、会导致所有者权益增加的、与所有者投入资本无关的经济利益的流入。损失是指由企业非日常活动所发生的、会导致所有者权益减少的、与向所有者分配利润无关的经济利益的流出。

所有者权益是指企业资产扣除负债后的剩余权益，因此，所有者权益金额取决于资产和负债的计量，所有者权益项目应当列入资产负债表。例如，企业接受投资者投入的资产，在该资产符合企业资产的确认条件时，则实收资本就符合了确认条件；当该资产的价值能够可靠地计量时，实收资本的金额也就可以计量。

综合资产、负债、所有者权益这三个与某一时间存量有关的静态要素，我们需要了解的是，资产是企业资金的占用。从另一个角度来看，企业资金的来源包括债权人借入和所有者直接投入两个方面。资金向债权人借入，形成企业的负债；资金由所有者投入，形成所有者权益。而资金来源和资金占用是同一资金的两个方面，那么必然有“资金占用的总额等于资金来源的总额”，这一基本原理是建立复式记账和进行平衡试算的理论基础。

四、收入

收入是指企业在日常活动中形成的、会导致所有者权益增加的、与所有者投入资本无关的经济利益的总流入。

根据收入的定义，确认收入的条件是：收入只有在经济利益很可能流入从而导致企业资产增加或者负债减少，且经济利益的流入额能够可靠计量时才能予以确认。符合收入定义和收入确认条件的项目，应当列入利润表。

五、费用

费用是指企业在日常活动中发生的、会导致所有者权益减少的、与向所有者分配利润无关的经济利益的总流出。企业为生产产品、提供劳务等发生的可归属于产品成本、劳务成本等的费用，应当在确认产品销售收入、劳务收入等时，将已销售产品、已提供劳务的成本等计入当期损益。

根据费用的定义，确认费用的条件是：费用只有在经济利益很可能流出从而导致企业资产减少或者负债增加，且经济利益的流出额能够可靠计量时才能予以确认。符合费用定义和费用确认条件的项目，应当列入利润表。

六、利润

利润是指企业在一定会计期间的经营成果。利润包括收入减去费用后的净额、直接计入当期利润的利得和损失等。直接计入当期利润的利得和损失是指应当计入当期损益、最终会引起所有者权益发生增减变动的、与所有者投入资本或者向所有者分配利润无关的利得或者损失。

其中，收入减去费用后的净额反映的是企业经常性损益，直接计入当期利润的利得和损失反映的是企业非经常性损益。企业应当严格区分收入和利得、费用和损失之间的区别，以更加准确地反映企业的损益构成与来源。同时我们也能看出，利润的确认主要依赖于收入和费用以及直接计入当期利润的利得和损失的确认，其金额的确定也主要取决于收入、费用、直接计入当期利润的利得和损失金额的计量。

综上，收入、费用及利润能够反映企业在某个期间的经营成果，这三个要素属于动态要素。

从整体来看，会计要素中最不能忽视的是利得和损失的存在。我国现行《企业会计准则》下的利得和损失有两个去向，分别影响到所有者权益和利润的增减变动：一部分利得和损失直接计入所有者权益；另一部分利得和损失直接计入利润，会对企业当期的盈余公积和未分配利润产生影响，最终影响所有者权益总额。

第四节　会计计量

如前所述，狭义的会计确认主要解决定性问题，即“是什么”。企业在将符合确认条件的会计要素登记入账并列报于会计报表及其附注（又称财务报表）时，应当按照规定的会计计量属性进行计量，确定其金额，即入账金额“是多少”。在实际运用时，会计确认与会计计量必须同步进行、缺一不可。

会计计量由计量单位和计量属性构成，形成了不同的计量模式。

一、会计计量单位

正如在会计假设中所阐述的那样，会计应该坚持货币计量假设，以货币为计量单位。通常以币值稳定为基本假设，但在持续通货膨胀的情况下，就需要使用物价变动会计。

二、会计计量属性

《企业会计准则——基本准则》第四十二条规定，会计计量属性主要包括以下几项。

（一）历史成本

在历史成本计量属性下，资产按照购置时支付的现金或者现金等价物的金额，或者按照购置资产时所付出的对价的公允价值计量；负债按照因承担现时义务而实际收到的款项或资产的金额，或者承担现时义务的合同金额，或者按照日常活动中为偿还负债预期需要支付的现金或者现金等价物的金额计量。

（二）重置成本（又称现行成本）

在重置成本计量属性下，资产按照现在购买相同或者相似资产所需要支付的现金或者现金等价物的金额计量；负债按照现在偿付该项债务所需支付的现金或者现金等价物的金额计量。

（三）可变现净值

在可变现净值计量属性下，资产按照其正常对外销售所能收到现金或者现金等价物的金额扣减该资产至完工时估计将要发生的成本、估计的销售费用以及相关税费后的金额计量。

（四）现值

在现值计量属性下，资产按照预计从其持续使用和最终处置中所产生的未来净现金流入量的折现金额计量；负债按照预计期限内需要偿还的未来净现金流出量的折现金额计量。

（五）公允价值

在公允价值计量属性下，资产和负债按照市场参与者在计量日发生的有序交易中，出售资产所能收到或者转移负债所需支付的价格计量。

市场参与者是指在相关资产或负债的主要市场（或最有利市场）中，同时具备下列特征的买方和卖方：市场参与者应当相互独立，不存在《企业会计准则第36号——关联方披露》所述的关联方关系；市场参与者应当熟悉情况，能够根据可取得的信息对相关资产或负债以及交易具备合理认知；市场参与者应当有能力并自愿进行相关资产或负债的交易。有序交易是指在计量日前一段时期内相关资产或负债具有惯常市场活动的交易。

从广义来看，以购置时市场价格为基础形成的历史成本（历史买入价）、以现在市场价格为基础形成的现行成本（现行买入价）、在现行市价的基础上扣除未来发生的成本形成的可变现净值（结算价值）都属于公允价值。但目前普遍把公允价值定性为一种狭义的计量属性，而且同样是采用公允价值，有时称为公允价值模式（如投资性房地产准则），有时称为后续计量（如交易性金融资产）。当公允价值计量与历史成本等其他计量属性并列时，指从产出的角度锁定市场交易的脱手价格的狭义定义。

如何更好地理解这些计量属性的定义呢？以资产为例，在不考虑相关费用时可以这样理解：在某个时点上对资产进行计量时，历史成本是该资产原来取得时点上所付出的对价的广义公允价值；重置成本是该资产现在取得时点上所需支付的广义公允价值；可变现净值是现在时点上正常出售该资产的广义公允价值；现值是现在时点上不重新购买，也不出售，继续持有会带来的经济利益的公允价值；公允价值是在任何时候只要发生有序交易，出售资产所收到或转移负债所付出的价格。如表1-1所示是对5种会计计量属性的理解。

表 1-1　对 5 种会计计量属性的理解

计量属性	时态	交易类型	交易性质	适用范围
历史成本	过去	购买	实际	初始计量
重置成本	现在	购买	假设	初始计量（历史成本的替代）
可变现净值	现在、未来	出售	假设	流动资产的期末计量
现值	现在、未来	出售	假设	非流动资产的期末计量
公允价值	现在	出售	假设	金融资产的期末计量

由表1-1可知，5种会计计量属性各有优缺点，单纯地选择某种计量属性不可能始终使会计信息如《企业会计准则》要求的那样准确、真实、相关。尽管我国《企业会计准则——基本准则》规定，“企业在对会计要素进行计量时，一般应当采用历史成本，采用重置成本、可变现净值、现值、公允价值计量的，应当保证所确定的会计要素金额能够取得并可靠计量”，但随着经济的发展，会计报表使用者对会计信息质量提出了更高的要求。在

历史成本计量属性下提供的会计信息虽可靠性较强但相关性较弱，为了更好地满足会计报表使用者的决策需要，这时其他计量属性就起到了补充的作用。

思考1-6：某企业有一台生产设备，有以下4种情况的信息。

（1）该设备是在三年前以500万元的价格购得的。

（2）该设备预计可使用10年，10年后预计残值率为5%，估计可能产生清理费用1万元。

（3）该设备现市价为280万元。市场上具有同等生产能力的生产设备，市价为300万元。

（4）该设备未来7年预计每年能带来50万元的收益。市场利率为10%。

该设备的历史成本、重置成本、可变现净值、现值、公允价值该如何确定？

这台生产设备的历史成本是购置时的成本500万元，重置成本是目前具有同等生产能力的生产设备的价格300万元。这两种计量属性都是从资产入手的角度来计量的。

可变现净值是在不考虑货币时间价值的情况下的预期脱手价值，通俗地讲就是现在要卖，实际可收回多少钱。现在该设备市价280万元，将来还得花钱付清理费用1万元，因此可变现净值为279万元。

现值，通俗地讲就是把以后的钱折算到现在的价值。以后每期都可以带来50万元的收入，我们不能简单地计算为50万元×7，因为以后各期的钱是在不同时点上收回的。由于货币具有时间价值，所以在不同时点上收回的钱是不同的，这时就需要用到年金现值系数。7年期10%市场利率的年金现值系数为4.8684。因此，现值为50万元×4.8684，即243.42万元。

公允价值即该设备目前的市场价，即280万元。

第五节　会计核算的八大原则

根据我国《企业会计准则——基本准则》的规定，会计信息质量要求包括以下8项：可靠性、相关性、可理解性、可比性、实质重于形式、重要性、谨慎性、及时性。本书将8项会计信息质量要求称为会计核算的八大原则。其中，可靠性与相关性居于会计信息质量要求的首要地位，可靠性充分体现了受托责任观的目标，相关性充分体现了决策有用观的目标。

一、可靠性

企业应当以实际发生的交易或者事项为依据进行会计确认、计量和报告，如实反映符合确认和计量要求的各项会计要素及其他相关信息，保证会计信息真实可靠、内容完整。

这一原则包括两层含义：一是会计核算以实际发生的交易或事项为依据；二是在进行会计处理时应保持客观，得出具有可检验性的会计信息。历史成本计量属性因为具有“可验证”的可靠性而一直在我国会计准则中排在首位。

二、相关性

企业提供的会计信息应当与财务会计报告使用者的经济决策需要相关，有助于财务会计报告使用者对企业过去、现在或者未来的情况作出评价或者预测。

根据相关性原则，企业应当充分考虑会计信息使用者决策的各种需要，满足各方面具有共性的信息需求。对于特定用途的需求，可以采取财务会计报告之外的其他形式加以满足。

三、可理解性

企业提供的会计信息应当清晰明了，便于财务会计报告使用者理解和使用。

可理解性是决策有用观的前提条件，是影响有用性的关键因素。可理解性要求企业提供的会计信息必须保持明晰性，符合会计信息使用者的理解能力和决策类型。

四、可比性

企业提供的会计信息应当具有可比性。同一企业不同时期发生的相同或者相似的交易或者事项，应当采用一致的会计政策，不得随意变更。确需变更的，应当在附注中说明。不同企业发生的相同或者相似的交易或者事项，应当采用规定的会计政策，确保会计信息口径一致、相互可比。

可比性一是要求横向可比。应当采用国家统一的会计规定（如企业会计准则、应用指南、解释等），不同行业、不同地区企业之间的会计信息口径一致，相互可比。

可比性二是要求纵向可比。即同一企业不同时期发生的相同或相似的交易或事项，应当采用一致的会计政策，不得随意改变。如果确有必要变更（符合规定或者变更后会计信息质量更好），则应当将变更情况、变更原因及其对企业财务状况和经营成果的影响在财务会计报告附注中说明。

五、实质重于形式

“实质重于形式”是指企业应当按照以交易或事项的经济实质进行会计确认、计量和报告，而不应仅以交易或事项的法律形式作为依据。

该原则中的形式是指法律形式，实质是指经济实质。比如，我国《企业会计准则》中合并财务报表的合并范围应当以控制为基础予以确定，该基础就是强调实质重于形式原则，要求对所有母公司能够控制的子公司均应纳入合并范围，而不一定严格考虑股权比例。

六、重要性

“重要性”是指企业提供的会计信息应当反映与企业财务状况、经营成果和现金流量等有关的所有重要交易或事项。

重要性与相关性都受会计目标的影响，会计信息使用者需要了解（相关性）的信息大多是重要的信息，应该予以披露。重要性与可靠性也密切相关，但重要性强调不能遗漏和错报重要的信息。因此，重要性原则在会计实务中能起到普遍的约束作用。

重要性原则的运用在很大程度上取决于会计人员的职业判断。常见的重要性判断标准主要有定性标准和定量标准：定性标准是用定性方式判断重要性的；定量标准是以具体的数量指标判断项目是否重要的。也就是我们经常说的，从项目的性质和金额大小两个方面加以判断。

七、谨慎性

“谨慎性”是指企业对交易或者事项进行会计确认、计量和报告应当保持应有的谨慎，不应高估资产或者收益、低估负债或者费用。

谨慎性原则是受托责任观的体现，也体现了对历史成本的修正。会计存在不确定性，一是会计信息一般都与预期在未来持续存在的实体有关，二是会计要素确认和计量中的估计和判断的存在，因此受托人需要实施谨慎性原则，对存在的风险加以合理估计，有利于保护所有者和债权人的利益。

八、及时性

“及时性”是指企业对于已经发生的交易或事项，应当及时进行会计确认、计量和报告，不得提前或延后。

会计信息具有时效性，为了满足会计信息使用者经济决策的及时需要，会计分期划分了持续经营的时间段，解决了持续经营和及时提供会计信息的矛盾，在此原则下企业需要及时收集、处理和传递会计信息。

第二章

出纳应掌握的会计基本知识

第一节　认识各类会计凭证

会计凭证是用来记录经济业务的发生，明确经济责任，并作为记账依据的书面证明。会计凭证按其填制程序和用途，分为原始凭证和记账凭证；按其填制方法，分为一次凭证和累计凭证。出纳账务凭证就是收款、付款结算的原始凭证和记账凭证。

出纳在办理收款、付款业务前，必须认真审核凭证，这是财务把关的重要环节。通过审核凭证，可以监督该项经济业务是否依法办事，从而促进企业管理，保障企业、单位的资金不受损失。账务凭证是重要的经济档案，具有法律效力。

一、原始凭证

原始凭证指用来最初记录和证明经济业务的发生，明确经济责任，并作为记账的原始依据的一种会计凭证。原始凭证的主要内容有：凭证名称、填制日期、业务的摘要、数量、单位、单价和金额、有关人员和单位签章等。在办理现金收付款项结算、财产物资收发等业务时，都必须取得或填制原始凭证，如发票、收款收据、支票等。

原始凭证分为外来原始凭证和自制原始凭证两种。

（一）外来原始凭证

外来原始凭证指在经济业务发生时从其他单位、企业或个人处取得的原始凭证，如购物发票、由收款单位开出的收款收据、银行结算凭证等。

（二）自制原始凭证

自制原始凭证指在经济业务发生时，由本单位经办业务部门和人员填制的原始凭证。自制原始凭证又分两类：一类是用企业、单位名义承担经济责任所开出的凭证副联、存根，如发票、收款收据、支票等；另一类是企业、单位内部按照业务需要自行设计、填制，在内部明确经济责任的单据，如工资单、领料单、差旅费报销单、支付证明等。

二、记账凭证

记账凭证指用来记载经济业务的简要内容，确定会计分录，作为记账依据的一种会计凭证，也称“传票”。

记账凭证一般分为收款凭证、付款凭证和转账凭证三种。这三种记账凭证是根据库存现金和银行存款的增减变化来进行分类的，库存现金和银行存款增加的业务对应编制收款凭证，库存现金和银行存款减少的业务对应编制付款凭证，与库存现金和银行存款增减变化无关的业务对应编制转账凭证。

为了减少记账错误，一般收款凭证用红色油墨印制，付款凭证用绿色油墨印制，转账凭证用黑色或蓝色油墨印制。

记账凭证的主要内容有：单位名称；凭证名称；凭证字号；填制日期；业务摘要；会计科目（包括一级科目和明细科目），按应用借贷记账法的规定注明记账方向；金额；所附原始凭证的张数；填制和核对人员的签名或盖章（收、付款凭证应由出纳签章）等。

第二节 认识各类会计账簿

会计账簿也叫账簿，以审核合格的会计凭证为依据，由具有一定格式的账页组成，全面、系统、连续地记录各项经济业务和会计事项。依据《会计基础工作规范》（2019年修订，下同）第五十六条，各单位应当按照国家统一会计制度的规定和会计业务的需要设置会计账簿。会计账簿包括总账、明细账、日记账和其他辅助性账簿。

一、会计账簿的种类

会计账簿依照用途、账页格式、外形特征等进行分类。

（一）按用途分类

会计账簿根据用途，分为序时账簿、分类账簿和备查账簿。

（1）序时账簿，也称日记账，按照经济业务发生的时间先后顺序逐日、逐笔登记。常见的有库存现金日记账和银行存款日记账。

（2）分类账簿，按分类账户设置。分类账簿分为总分类账簿和明细分类账簿。

①总分类账簿，也称总账，按总分类账户设置，总体反映某类经济活动。总分类账簿直接为编制财务报表提供数据资料。

②明细分类账簿，也称明细账，按明细分类账户设置，用来提供明细方面的核算资料。

（3）备查账簿，又叫辅助登记簿或补充登记簿，用来对某些在序时账簿和分类账簿中记载不全的经济业务进行补充。

（二）按账页格式分类

会计账簿根据账页格式，分为三栏式账簿、多栏式账簿和数量金额式账簿。

（1）三栏式账簿，有借、贷及余额三个金额栏目。各种日记账、总账以及资本、债权、债务明细账都可采用三栏式账簿。三栏式账簿还分设对方科目与不设对方科目两种。其格式与总账的格式基本相同。

（2）多栏式账簿，在账簿的借方和贷方的金额栏分别按需要分设多个专栏。这种账簿可以按“借方”和“贷方”分设专栏，也可以只设“借方”或“贷方”专栏，所设栏数根据具体需要确定。收入、成本、费用明细账一般采用多栏式账簿。

（3）数量金额式账簿，在账簿的借、贷及余额三栏内，每个栏目再设数量、单价和金额三个小栏目，反映财产物资的实际数量和价值。原材料、库存商品等明细账一般采用数量金额式账簿。

（三）按外形特征分类

会计账簿根据外形特征，分为订本式账簿、活页式账簿和卡片式账簿。

（1）订本式账簿，也称订本账，是使用前将标有顺序页码的账页装订成册的账簿。订本账的优点是能够防止账页散失和抽换账页；缺点是不能准确预留账页。订本式账簿一般用于重要的和总结性的总分类账、库存现金日记账和银行存款日记账。

（2）活页式账簿，也称活页账，是将账页置于活页夹内，可根据记账内容的变化随时增减部分账页的账簿。活页式账簿的优点是在记账时可以根据需要随时把空白账页装入账簿，或抽去不需要的账页，方便分工记账；缺点是如果管理不当则会造成账页散失或蓄意抽换账页。活页式账簿一般用于明细分类账。

（3）卡片式账簿，也称卡片账，是把卡片式账页存放于专门设置的卡片箱中，根据实际需要随时增添账页。在我国，企业一般只对固定资产的核算使用卡片账，也有少数企业在材料核算中采用材料卡片。

二、出纳日记账

出纳日记账一般分为现金日记账和银行存款日记账两种。出纳日记账应采用订本式，不宜用活页式。因为将账页固定装订成册的订本式账簿便于序时记载，账页不致散失和被抽换。下面对现金日记账和银行存款日记账进行详细介绍。

（一）现金日记账

根据《企业会计准则——应用指南》的规定，企业应当设置“现金日记账”，出纳根据收付款凭证，按照业务发生顺序逐笔登记。每日终了，应当计算当日的现金收入合计额、现金支出合计额和结余额，将结余额与实际库存额核对，做到账款相符。有外币现金的企业，应分别设置人民币和各种外币的现金日记账进行明细核算，以便正确、及时、连续和系统地反映现金的收支结存动态。

设置的现金日记账，一般采用借方、贷方、余额的三栏式记账，如图2-1所示。

现金日记账 5

2010年		凭证		对方科目	摘要	借方	√	贷方	√	余额	√
月	日	字	号			十亿千百十万千百十元角分		十亿千百十万千百十元角分		十亿千百十万千百十元角分	
					承前页						
					过次页						

图2-1 现金日记账

由于三栏式现金日记账无法提供现金收入来源和支出用途的信息，所以，根据经济管理的需要，有些企业采用多栏式现金日记账。多栏式现金日记账按现金的收支对应科目分设若干栏进行序时登记，来提供现金收入来源和支出用途的信息。在设置多栏式账簿时，根据业务的需要，可分设两本日记账，即现金收入日记账（见图2-2）和现金支出日记账（见图2-3）。

现金收入日记账

第　页

年		凭证号数	摘要	贷方科目					支出合计	结余
月	日			银行存款	其他应收款	主营业务收入	……	收入合计		

图 2-2　现金收入日记账

现金支出日记账

第　页

年		凭证号数	摘要	借方科目					
月	日			银行存款	其他应收款	管理费用	制造费用	……	支出合计

图 2-3　现金支出日记账

（二）银行存款日记账

根据《企业会计准则——应用指南》的规定，企业可按开户银行和其他金融机构、存款种类等设置银行存款日记账，出纳根据收付款凭证，按照业务的发生顺序逐笔登记。每日终了，应结出余额。银行存款日记账应定期与银行对账单进行核对，至少每月核对一次。企业银行存款账面余额与银行对账单余额之间如有差额，应编制“银行存款余额调节表”调节相符。有外币存款的企业，应分别设置人民币和各种外币的银行存款日记账进行明细核算，以便正确、及时、连续和系统地反映银行存款的收支结存动态。

设置的三栏式银行存款日记账如图2-4所示。

三栏式银行存款日记账

第　页

年		凭证号数	摘　要	结算凭证		对方科目	收入	付出	结余
月	日			种类	号数				

图2-4　三栏式银行存款日记账

根据企业的经济业务需要，也可按收入和支出分别设置银行存款日记账，即银行存款收入日记账（见图2-5）和银行存款支出日记账（见图2-6）。在账簿中按收入和支出的对应账户设立专栏进行登记。这种收入和支出应分别按其对应账户设置专栏的银行存款日记账又称“多栏式银行存款日记账”。

设置银行存款日记账，可以及时反映银行存款的收支和结存，有利于企业加强对银行存款的管理。

银行存款收入日记账

年		凭证号数	摘　要	贷　方　科　目					支出合计	结余
月	日			应收销货款	销售	……	……	收入合计		

图 2-5　银行存款收入日记账

银行存款支出日记账

年		凭证号数	摘　要	借　方　科　目					
月	日			材料采购	现金	应付购货款	……	……	支出合计

图 2-6　银行存款支出日记账

第三节 认识各类会计报表

会计报表是企业会计核算的最终成果，是企业提供财务会计信息的主要形式。企业的外部利益关系人，包括投资人、债权人、税务机关、证券监督管理委员会等国家管理部门，主要通过企业编制和提供的会计报表了解企业的财务状况、经营成果和现金流量方面的情况。企业的内部利益关系人，即管理人员，也可以通过会计报表了解企业的经营情况，以便有针对性地改进经营管理，提高企业的经济效益。

一、会计报表的含义

根据《企业会计准则——基本准则》第四十四条的规定，财务会计报告是指企业对外提供的反映企业某一特定日期的财务状况和某一会计期间的经营成果、现金流量等会计信息的文件。

财务会计报告包括会计报表（或财务报表）及其附注和其他应当在财务会计报告中披露的相关信息和资料。

根据《企业会计准则第30号——财务报表列报》的规定，财务报表是对企业财务状况、经营成果和现金流量的结构性表述。财务报表至少应当包括下列组成部分：资产负债表；利润表；现金流量表；所有者权益（或股东权益，下同）变动表；附注。

二、会计报表的分类

会计报表的分类方式有以下几种。

（一）按会计报表编制与报送的时间差异分类

按会计报表编制与报送的时间差异，会计报表可以分为月报、季报、半年报和年报。

（1）月报是在月份终了时编制的反映月末或当月情况的会计报表。一般而言，月报要求简明扼要，以便及时反映企业的主要情况和主要问题。

（2）季报是在季度终了时编制的反映季末或当季情况的会计报表。

（3）年报则是在年度终了时编制的反映年末或当年情况的财务报表。编制此类报表，一般要求全面、完整，目的在于总结本季度或全年的经济活动，为决策者评价本期经营状况、预测以后期间的经营状况提供依据。

（二）按会计报表所提供信息的内容分类

按会计报表所提供信息的内容，会计报表可以分为静态报表和动态报表。

（1）静态报表所反映的是企业在特定日期，即资金运动处于静止状态时资产、负债、所有者权益三要素综合形成的会计信息，它反映的是时点资料。资产负债表为静态报表，它所反映的是编制报表时企业的资产、负债、所有者权益总额及其构成情况。

（2）动态报表所反映的是企业在一定期间内的经营成果。企业资金运动的最终目的就是实现资金增值，获取利润。企业资产、负债、所有者权益的变化形成了收入、费用、利润等会计要素，以此为基础编制的利润表和现金流量表属于典型的动态报表，它们所考察的是企业在一定时期的财务活动情况及其结果，反映的是时期资料。

三、会计报表的构成

会计报表是财务会计报告的主干部分，它是以企业的会计凭证、会计账簿和其他会计资料为依据，按照规定的格式、内容和填制编报要求定期编制并对外报送的、以货币作为计量单位总括反映企业的财务状况、经营成果和现金流量的书面文件。具体包括以下报表。

（一）资产负债表

资产负债表是指反映企业在某一特定日期的财务状况的会计报表。

（二）利润表

利润表是指反映企业在一定会计期间的经营成果的会计报表。

（三）现金流量表

现金流量表是指反映企业在一定会计期间的现金和现金等价物流入和流出的会计报表。

（四）所有者权益变动表

所有者权益变动表是指反映构成所有者权益的各组成部分当期的增减变动情况的会计报表。

（五）会计报表附注

附注是对在资产负债表、利润表、现金流量表和所有者权益变动表等报表中列示项目的文字描述或明细资料，以及对未能在这些报表中列示项目的说明等。

第四节　错账的更正方法

本节所指的错账是会计账簿记录的错误，记账凭证的错误更正在第四章第一节中具体阐述。

根据《会计基础工作规范》的规定，会计账簿记录发生错误，不准涂改、挖补、刮擦或者用药水消除字迹，不准重新抄写，必须按照规定方法进行更正。常用的错账更正法有划线更正法、红字更正法和补充登记法。

一、划线更正法

在每日结账前，发现会计账簿的记录有错误，而记账凭证正确。会计账簿记录的文字、数字有错误，记账方向有错误，过错账户等，都可以采用划线更正法加以更正。

在登记会计账簿时发生错误，应当先将错误的文字或者数字画红线注销，但必须使原有字迹仍可辨认；然后在划线上方填写正确的文字或者数字，并由记账人员在更正处盖章。对于错误的数字，应当全部画红线更正，不得只更正其中的错误数字。对于文字错误，可只划去错误的部分。

（1）文字更正。如把“支付材料款”写成了“支付购货款”，应用红线划去“购货”二字，在“购货”二字上面写上“材料”二字，并由记账人员在更正处盖章。

（2）数字或方向、账户错误更正。如把金额908.00记成了988.00，应用红线划去988.00，在划去的数字上面（或正确的方向、账户位置）写上908.00，并由记账人员在更正处盖章。

二、红字更正法

红字更正法，又称红字冲销法，适用于记账凭证错误而使会计账簿记录发生错误的情形：一是在登记会计账簿后发现记账凭证中应借、应贷会计科目或记账方向有错误；二是在登记会计账簿后发现记账凭证中应借、应贷会计科目和记账方向均没有错误，只是记账凭证中所填金额大于应记的正确金额。

按照红字冲账的记账凭证，冲销错误记录：先用红字金额填制一张与原错误记账凭证内容完全一样的记账凭证，并以红字登记入账，冲销原有的错误记录；然后用正常颜色填制一张正确金额的记账凭证，并以正常颜色登记账簿。

例2-1：某企业外购办公用品200元，转账支付，本应贷记“银行存款”科目，但其编制的记账凭证分录如下。

借：管理费用　　200.00

　　贷：库存现金　　200.00

记账后发现以上错误时，做以下处理。

（1）编制红字记账凭证并用红字金额记账（当不能用红笔书写时，用矩形方框表示里面的数字为红色）。

借：管理费用　　200.00

　　贷：库存现金　　200.00

（2）编制一张正确的蓝字记账凭证并用蓝字记账。

借：管理费用　　200.00

　　贷：银行存款　　200.00

三、补充登记法

补充登记法适用于记账后发现的记账凭证中应借、应贷科目和方向都正确，只是所记金额小于应记金额的错误更正。

在更正时，应将少记金额用蓝字填写一张与原记账凭证的会计科目和记账方向都相同的记账凭证，并据以记账。

例2-2：用银行存款外购达到预定用途的设备，价值210 000元。在填制记账凭证时错写成200 000元，据此记账，少记了10 000元。

以下为原记账凭证分录。

借：固定资产　　　　200 000.00

　　贷：银行存款　　　　200 000.00

在更正时，应将少记的10 000元用蓝字编制一张与原记账凭证的会计科目和记账方向都相同的记账凭证，并据以记账。

以下为补记分录。

借：固定资产　　　　10 000.00

　　贷：银行存款　　　　10 000.00

用蓝字登记入账。

能用补充登记法更正的错误，也可以用红字更正法进行更正。即用红字凭证冲销原记录，再用蓝字编制正确分录进行更正。

在用红字更正法和补充登记法进行更正时，在更正错误的记账凭证上应注明被更正的记账凭证的编号与记账日期，以便核对查考。

前面所说的红字记账凭证与红字记账，均指金额用红色墨水笔书写，其他内容不能用红笔书写。本节中的红字金额用方框表示。

应注意的是，不管是红字记账凭证，还是正常颜色的记账凭证，只有在过账（账簿登记）后才能起到更正账面记录的作用，所以更正错账的记账凭证要及时过账。

第五节　会计资料与印章的保管

一、会计档案的保管范围

根据《会计档案管理办法》第五条的规定，单位应当加强会计档案管理工作，建立和完善会计档案的收集、整理、保管、利用和鉴定销毁等管理制度，采取可靠的安全防护技术和措施，保证会计档案的真实、完整、可用、安全。

根据《会计档案管理办法》第六条的规定，下列会计资料应当进行归档。

（1）会计凭证，包括原始凭证、记账凭证。

（2）会计账簿，包括总账、明细账、日记账、固定资产卡片及其他辅助性账簿。

（3）财务会计报告，包括月度、季度、半年度、年度财务会计报告。

（4）其他会计资料，包括银行存款余额调节表、银行对账单、纳税申报表、会计档案移交清册、会计档案保管清册、会计档案销毁清册、会计档案鉴定意见书及其他具有保存价值的会计资料。

二、会计档案的整理方法

（一）会计凭证的整理

（1）在将会计凭证登记、记录完毕后，应该将记账凭证连同原始凭证按照编号的顺序整齐折叠，然后装订。在装订之前，必须对会计凭证进行整理，以便能更加方便地查账。

（2）由于在会计实务中收到的凭证大小不同，所以在整理会计凭证时需要按照记账凭证的大小来折叠或者粘贴。

（3）当原始凭证过多时，可以按规定单独装订保管，但是在保管时需要在账册的封面注明原始凭证的数量、金额、编制日期、编号和种类等。最后将编制好的封面一式两份，一份作为原始凭证的封面，需在封面上标注“附件”二字；另一份需要附在记账凭证之后，并在记账凭证上标注“附件另订”字样，以备后续查考。

（二）会计凭证的装订

根据《会计基础工作规范》第五十五条的规定，当会计凭证登记完毕后，应当按照分类和编号顺序保管，不得散乱丢失。

记账凭证应当连同所附的原始凭证或者原始凭证汇总表，按照编号顺序，折叠整齐，按期装订成册，并加具封面，注明单位名称、年度、月份与起讫日期、凭证种类、起讫号码，由装订人在装订线封签外签名或者盖章。

对于数量过多的原始凭证，可以单独装订保管，在封面上注明记账凭证日期、编号、种类，同时在记账凭证上注明“附件另订”和原始凭证名称及编号。

各种经济合同、存出保证金收据及涉外文件等重要原始凭证，应当另编目录，单独登记保管，并在有关的记账凭证和原始凭证上相互注明日期和编号。

三、会计档案的整理与装盒

（一）凭证装盒

用凭证盒装会计档案，每一盒装一卷档案。在凭证盒背脊处填写全宗号、目录号、年度、月份、案卷号、保管期限等项目，用阿拉伯数字填写。

（二）会计账簿整理

使用订本式账簿，应当从第一页到最后一页顺序编定页数，不得跳页、缺号。使用活页式账簿，应当按账户顺序编号，并须定期装订成册；装订后再按实际使用的账页顺序编定页码；另加目录，记明每个账户的名称和页次。

（三）财务报告的整理

对外报送的财务报告，应当依次编写页码，加具封面，装订成册，加盖公章。在封面上应当注明：单位名称，单位地址，财务报告所属年度、季度、月度，送出日期，并由单位领导人、总会计师、会计机构负责人、会计主管人员签名或者盖章。填写实例如图2–7所示。

财务报告封面

单位名称：________________

题　　名：财务报告

保管期限：永　　久

年度：________ 案卷号：________

共________件________页

图 2–7　财务报告封面

（四）会计其他类的整理

类似财务报告的整理（略）。

（五）账簿、财务报告、其他类装盒

用会计档案盒装账簿、财务报告等，每一盒装一卷。在档案盒的正面第一栏填写单位名称。在档案盒的正面、背脊均填写全宗号、目录号、类别、年度、案卷号、保管期限等项目。

（1）全宗号、目录号采用阿拉伯数字填写。

（2）在“类别”一栏分别填写“账簿”“财务报告”“其他类”等。

（3）在会计档案盒的正面填写年度、案卷号和保管期限等项目，由于背脊处的书写位置比较窄，字号可以小一点，要横着写。如图2-8和图2-9所示。

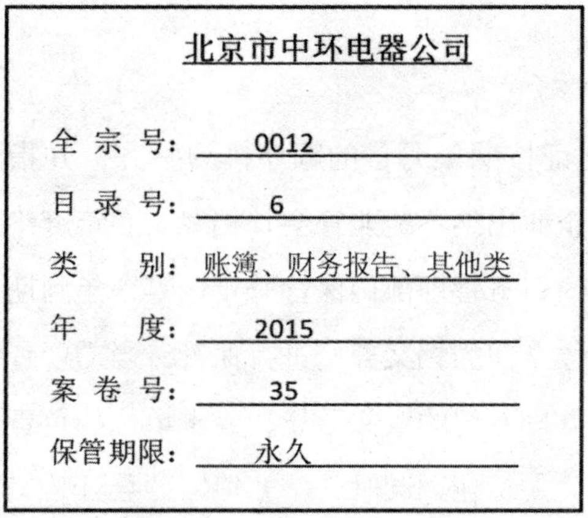

图 2-8 会计档案盒正面

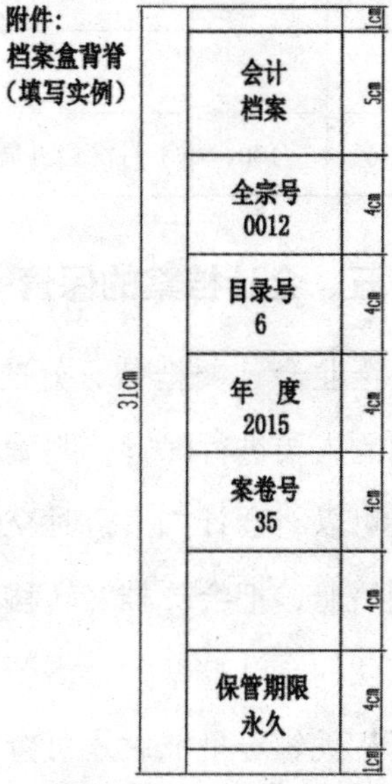

图 2-9 会计档案盒背脊

四、会计档案的编号、编目

一个单位的档案分三个部分排列，编制三个通号。保管期30年、保管期10年的会计账簿，一般而言应该从1999年起合并排列，然后从“1”开始往后多年编通号；如果会计一直没有整理，则可以选择从单位成立年度起进行编号。每部分要编制一本目录，然后确定一个目录号。对目录中的案卷号也有要求，一般而言，案卷号不能超过三位数，一旦超过三位数，就需要重新从“1”开始往后编。在排列完毕后，要对每部分的档案编定案卷号。对于永久保管的案卷要编制一式三份案卷目录，而对于定期保管的案卷编制一式两份案卷目录即可，如表2-1所示。

表 2-1　会计档案案卷目录（凭证）

年度	案卷号	案卷标题	张数	保管期限（年）	会计经办人	备注
2001	1	1 月份会计凭证（1-5 号）	100	30	陈 ××	
.....						
2016	100	1 月份会计凭证（7-12 号）	80	30	李 ××	

五、会计档案的保管

企业会计要把装订好的会计凭证按照年月日的顺序排列整齐，并指派专门的人员进行保管，明确规定，企业出纳不能兼管会计档案。在年度终了后，可以将会计档案暂时交给企业的财务管理部门保管一年，等一年到期后编制清册，把会计档案转移到本单位专门的档案部门进行保管。当需要查阅本单位的会计档案时，需要本人去办理专门的查阅手续，经本单位的负责人或者相关领导批准后才可查阅。相关人员在调阅时，需要填写“会计档案调阅表”，仔细地填写调阅档案或者凭证的名称、日期、姓名、理由等重要事项。原始的会计凭证在一般情况下不能外借，当其他单位有特殊原因确定需要本单位原始凭证时，要经过本单位机构负责人、主管人员的批准，才能复制原始凭证。在向其他单位提供原始凭证复印件时，应该设立专门的登记簿进行登记，在登记簿上需要记录复制凭证的名称、张数等，然后由专门的会计人员和收取凭证的人员共同签字或者盖章。

如表2-2所示是会计档案保管期限一览表。

表 2-2　会计档案保管期限一览表

序号	档案名称	保管期限	备注
	一、会计凭证类		
1	原始凭证	30 年	

续表

序号	档案名称	保管期限	备注
2	记账凭证	30 年	
3	汇总凭证	30 年	
	二、会计账簿类		
4	总账	30 年	
5	明细账	30 年	
6	日记账	30 年	
7	固定资产卡片		固定资产报废清理后 5 年
8	辅助账簿	30 年	
	三、财务报告类		包括各级主管部门
9	月、季度财务报告	10 年	包括文字分析
10	年度财务报告（决算）	永久	包括文字分析
	四、其他		
11	会计移交清册	30 年	
12	会计档案保管清册	永久	
13	会计档案销毁清册	永久	
14	银行存款余额调节表	10 年	
15	银行对账单	10 年	

六、出纳印章的使用要求与管理

（一）出纳印章的使用要求

（1）现金收讫章：当企业收入现金时，要在现金收入凭证和回单上签盖现金收讫章表示该款项已收妥。

（2）现金付讫章：当企业付出现金时，要在现金付出凭证上签盖现金付讫章表示该款项已支付。

（3）个人名章：先由出纳根据相关制度的规定，填写好经办的有关凭证，盖上出纳名章，然后交复核人员审查。

（二）出纳印章的管理

现金收讫章和现金付讫章一般由出纳保管和使用。

银行预留印鉴的管理应做到分散管理、相互制约。银行预留印鉴由会计和出纳分开保管；严禁将支票、银行预留印鉴一并交由出纳保管和使用。

第三章

出纳应具备的基本业务知识

第一节　出纳业务术语

一、日清月结

日清月结是指出纳在对企业的现金业务进行清理时，必须做到按日清理、按月结账。这里所说的按日清理就是出纳在对现金业务进行盘点、清理时，必须全部登记日记账，在账目上结出库存现金账面余额，最后将账面余额与实地盘点数进行核实，检查其是否一致。日清月结是出纳在完成现金出纳工作时必须遵循的原则和要求。

二、库存现金

库存现金是指企业存放在财会部门的、能够随时用来支付企业日常业务和事项的现金限额。通常而言，这笔现金由企业的出纳保管，包括人民币和外币。

现金的流动性最强，可以随时购买企业所需的资源，帮助企业支付有关费用等。企业为了维持生产经营活动的正常运行，在日常活动中需要拥有一定数量的库存现金，以便随取随用。投资者在判断企业的财务状况时，一般要考虑到企业库存现金的拥有量。

三、货币资金

货币资金是指企业在资金周转过程中拥有的停留在货币形态上的一部分现金。在日常经济活动中，企业需要通过大量的货币资金来完成日常的收支活动。同时，企业货币资金的拥有量也是投资者考察企业财务状况的重要衡量指标。因此，企业必须拥有一定数量的货币资金，既要防止不合理地占用企业的资金，又要保证企业正常的生产运营。

四、银行存款余额调节表

银行存款余额调节表是在银行对账单余额与企业账面余额的基础上，各自加上对方已收、本单位未收账项数额，减去对方已付、本单位未付账项数额，以调整双方余额使其一致的一种调节方法。银行存款余额调节表是一种对账记录的工具，并不是凭证。如果余额相等，则一般没错；否则一定有错。

第二节　出纳要掌握的书写规范

账、证、表的文字与数字的书写是出纳的必备技能。出纳要用规范的文字和数字加以表达，同时要做到正确、清晰、流利、匀称地书写文字和数字。

一、银行票据和结算凭证书写规范

依据《〈支付结算办法〉附一：正确填写票据和结算凭证的基本规定》：填写票据和结算凭证，必须做到标准化、规范化，要要素齐全、数字正确、字迹清晰、不错漏、不潦草，防止涂改。

（1）中文大写金额数字应用正楷或行书填写，如壹、贰、叁、肆、伍、陆、柒、捌、玖、拾、佰、仟、万、亿、元、角、分、零、整（正）等字样。不得用一、二（两）、三、四、五、六、七、八、九、十、廿、毛、另（或0）填写，不得自造简化字。在金额数字书写中使用繁体字，如贰、陸、億、萬、圓的，也应受理。

（2）中文大写金额数字到“元”为止的，在“元”之后，应写“整”（或“正”）字，在“角”之后可以不写“整”（或“正”）字。中文大写金额数字有“分”的，在“分”之后不写“整”（或“正”）字。

（3）在中文大写金额数字前应标明“人民币”字样，中文大写金额数字应紧接“人民币”字样填写，不得留有空白。在中文大写金额数字前未印“人民币”字样的，应加填“人民币”三字。在票据和结算凭证大写金额栏内不得预印固定的“亿、万、仟、佰、拾、元、角、分”字样。

（4）当阿拉伯小写金额数字中有“0”时，中文大写金额数字应按照汉语语言规律、金额数字构成和防止涂改的要求进行书写。举例如下。

①当阿拉伯小写金额数字中间有“0”时，中文大写金额要写“零”字。如¥1 409.50，应写成人民币壹仟肆佰零玖元伍角。

②当阿拉伯小写金额数字中间连续有几个“0”时，中文大写金额中间可以只写一个“零”字。如¥6 007.14，应写成人民币陆仟零柒元壹角肆分。

③当阿拉伯小写金额数字万位或元位是“0”，或者数字中间连续有几个“0”，万位、元位也是“0”，但千位、角位不是“0”时，中文大写金额中可以只写一个“零”字，也可以不写“零”字。如¥1 680.32，应写成人民币壹仟陆佰捌拾元零叁角贰分，或者人民币壹仟陆佰捌拾元叁角贰分；又如¥107 000.53，应写成人民币壹拾万柒仟元零伍角叁分，或者人民币壹拾万零柒仟元伍角叁分。

④当阿拉伯小写金额数字角位是“0”，而分位不是“0”时，中文大写金额“元”后面应写“零”字。如¥16 409.02，应写成人民币壹万陆仟肆佰零玖元零贰分；又如¥325.04，应写成人民币叁佰贰拾伍元零肆分。

（5）在阿拉伯小写金额数字前面均应填写人民币符号“¥”。阿拉伯小写金额数字要认真填写，不得连写导致分辨不清。

（6）票据的出票日期必须使用中文大写。为防止变造票据的出票日期，在填写月、日时要注意以下几点。

①月为壹、贰和壹拾的，日为壹至玖和壹拾、贰拾、叁拾的，应在其前

加“零”。

②日为拾壹至拾玖的，应在其前加壹。如1月15日，应写成零壹月壹拾伍日；再如10月20日，应写成零壹拾月零贰拾日。

二、填制会计凭证书写规范

根据《会计基础工作规范》第五十二条的规定，填制会计凭证，字迹必须清晰、工整，并符合下列要求。

（1）阿拉伯数字应当一个一个地写，不得连笔写。阿拉伯金额数字前面应当书写货币币种符号或者货币名称简写和币种符号。币种符号与阿拉伯金额数字之间不得留有空白。凡阿拉伯数字前写有币种符号的，数字后面不再写货币单位。

（2）所有以元为单位（其他货币种类为货币基本单位，下同）的阿拉伯数字，除表示单价等情况外，一律填写到角分；无角分的，角位和分位可写“00”，或者符号“——”；有角无分的，分位应当写“0”，不得用符号“——”代替。

（3）汉字大写金额数字如零、壹、贰、叁、肆、伍、陆、柒、捌、玖、拾、佰、仟、万、亿等，一律用正楷或者行书体书写，不得用〇、一、二、三、四、五、六、七、八、九、十等简化字代替，不得任意自造简化字。大写金额数字到元或者角为止的，在“元”或“角”字之后应当写“整”或“正”字；大写金额数字有分的，在“分”字之后不写“整”或“正”字。

（4）大写金额数字前未印有货币名称的，应当加填货币名称，货币名称与金额数字之间不得留有空白。

（5）阿拉伯金额数字中间有“0”时，汉字大写金额要写“零”字；阿拉伯数字金额中间连续有几个“0”时，汉字大写金额中可以只写一个“零”

字；阿拉伯金额数字元位是“0”，或者数字中间连续有几个“0”、元位也是“0”但角位不是“0”时，汉字大写金额可以只写一个“零”字，也可以不写“零”字。

第三节 财产清查

一、财产清查的概念

财产清查是通过对实物、现金的实地盘点和对银行款项、往来款项的核对，查明财产物资、货币资金和结算款项的实有数额，确定其账面结存数额和实际结存数额是否一致，以保证账实相符的一种专门方法。

财产清查对于出纳来说是日常工作的一部分，它要求出纳及时对各项财物进行实地盘点，以保证账实相符。

二、财产清查的分类

在财产清查过程中，不同的标准有不同的分类。当以被清查的对象和范围为标准划分时，分为全面清查和局部清查；当以清查的时间为标准划分时，则分为定期清查和不定期清查。

（一）全面清查与局部清查

（1）全面清查，指对企业或单位所拥有的全部财产物资进行全面的盘点、检查与核对的行为。在这里，财产清查的对象主要包括房屋建筑物、机器、运输设备等固定资产；原材料、库存商品、在产品、自制半成品等存货；货币资金及有价债券；债务债权等结算款项。

全面清查的范围很广，内容十分繁杂，需要耗费大量的时间和人力，所以全面清查往往发生在年终结算前，以保证现有的账目等会计资料的真实、完整。当然，全面清查并不仅仅在年末才进行，当企业发生撤销、合并、改组或改变隶属关系等情况时，往往也会进行全面清查，以保证企业各方面情况能够清晰、准确。当企业需要清产核资时同样也需要进行全面清查。

（2）局部清查，指企业按照自己的业务需要开展对企业的部分财物进行盘点、检查、核对的工作。局部清查相较全面清查不仅更加短时高效，而且更具针对性，可以更快地找出相关业务的问题所在。

存货作为企业中流动性较强且较易发生损溢情况的资产，在年末进行全面清查的同时还要在日常积极频繁地进行核查，比如每月、每季度都要进行盘点清查，如果不能全部盘查，就进行轮流检查或者抽查。但对企业的贵重物品应保证每月盘点一次。对于出纳来说，库存现金的每日清查就属于局部清查的一种，对银行存款也应做到每月一次与银行进行对账盘查。对企业的债权债务也应每年至少进行一至两次的核查。相对来说，企业的局部盘查较为灵活随机，这也正好可以弥补全面清查的部分缺点，使企业可以更加准确、清楚地了解本企业的实际情况以及与账面情况是否一致，以保证企业的各项财产安全不受侵害和损失。

（二）定期清查与不定期清查

（1）定期清查，指企业按照提前制订的计划和时间节点来对公司财物进行盘点核查。定期清查既可以采用全面清查，又可以采用局部清查。通常只有在年末才会进行全面清查，局部清查则可以在月末、季末等时间节点进行。

（2）不定期清查，指企业事先并没有计划过清查时间，是由于实际情况所需而临时决定的对财产进行清查的清查方式。

不定期清查往往发生在这些情况下：第一，当财物出现大的变动，以及相关保管人员出现替换的时候，以这种方式来明确各方责任；第二，当发生自然灾害或者意外损失时，为查清到底给企业造成了多少损失而进行清查；第三，监察部门需要对其监管的公司进行审察的时候而进行清查；第四，依照有关规定而临时进行资产的清查或者停工验资。在通常情况下，不定期清查主要为局部清查，但是不排除在特殊情况下需要进行全面清查。

三、财产清查的基本方法

（一）实物清查

（1）进行财产物资账面结存的清查方法包括永续盘存制、实地盘存法以及抽样盘存制等。在进行清查时，相关人员需在现场共同完成盘点，盘点后需如实将结果填制相关凭证，并需盘点人员与保管人员共同签字或盖章，作为日后核查当时情况时、进行会计账目调整时的事实依据。在进行实物清查时可以根据需要填制盘存单、实存账存对比表、积压变质报告单等。将盘查后的结果登记在盘存单上，包括实有数及结存数，当发生账实不符的情况时再将该部分登记在实存账存对比表上，以此来明确是盘存还是盘亏，并以此作为分析该问题出现的原因和依据。

（2）清查财产物资的方法包括实地盘点法、技术推算法、抽样调查法及函证核对法等。

实地盘点法，是指经多次清点或者通过仪器来辅助测量，以此方式来测得实物资产的实有数额。大部分的财物都适用于这种清查方式，如原材料、库存商品、产成品、机器设备等。实地盘点法的优点是准确性较高。

技术推算法，是指以量方、计尺等技术方式来计算部分数量，并以此来推算整体财产物资的总数额。这种方法通常适用于数量大、价值低并且难以逐个计算的财产物资，如企业内大量存放的水泥、沙料、煤炭等。

抽样调查法，是指从总体中选取一些个体，然后通过对个体的数量进行盘点，从而推断出总体数量。这种方法主要适用于数量十分庞大且质量较为均匀的物资。

函证核对法，是指通过向对方企业发出函证申请调查，以此作为证据核对本企业账目。这种方法适用于向外委托的外单位进行加工的产品或者半产品，或者由对方企业保管的原材料、在途物资、商品等。

（二）货币资金清查

在货币资金清查中主要包括库存现金和银行存款的清查。

（1）库存现金清查，指出纳定期通过对库存现金实物进行盘点，以此来确定库存现金实存数是否与库存现金的账面数额一致。对于库存现金清查的实际操作一般分为以下两种情况。

第一，出纳自行核查。出纳对于现金应该做到当日结清，并与登记好的日记账进行核对，具体包括记账日期、款项明细、具体金额等。

第二，相关人员进行进一步清查。为了在责任划分上清晰明了，在相关人员进行清查时出纳也必须在场。在进行清查时尤其要注意是否存在白条抵库的情况，也就是是否存在有未经审核通过的借条和收据用作冲抵库存现金入库的情况。相关人员在清查通过后，需共同编制调查结果的报告，并由相关人员与出纳共同签字确认，经盖章后即可生效。

（2）银行存款清查，主要是将本单位的银行存款日记账的账目与相应的开户银行提供的银行对账单进行核对。在进行清查之前，需把清查当日产生的以及之前的全部账款及时入账结清，包括银行存款的收入、支出。同时还需要对之前发生的账目上的错误和遗漏等进行及时更正，再与银行对账单进行核对，查看是否存在出入。若存在出入且双方账目皆无错误存在，则需查找未达账项，然后编制银行存款余额调节表来进行调整。一般存在4种情况：企业已付款，但银行还未收到；银行已付款，但企业还未及时付款；企业已收款，但银行还未收款；银行已收款，但企业还未收款。若调整之后账户余额一致，则说明账实相符；若仍然不一致，则还需再次查证企业账目是否存在问题。

（三）往来款项清查

往来款项清查包括应收与预售账款以及应付与预付账款的清查。对于各项往来款项的清查，企业往往采用询证核对法，即通过对对方账目中与本公司的往来款项进行核对来清查本公司的相关账目。在清查的过程中，应注意本公司的往来款项的记录是否准确、清晰、完整，在核查无误后需编制对账单。对账单的编制应该依照企业相关明细账，按照对应的不同企业逐次逐笔、一式两联的规则进行。编制两联是因为需要将一份交由对方企业留存，另一份作为回单。当对账单编制好后，本企业将其送交至对方企业，由对方企业对其进行进一步核查，若对方企业经核查后与实际情况一致，则将其中一份对账单盖好章交还给本企业；若存在不一致的地方，则需将对账单中有出入的地方标注出来交还给本企业，然后由本企业就该部分进行进一步核查。在核查的过程中，若发现存在未达账项，那么双方应进行账面余额调节，以达到双方往来款项一致，本企业应按照对方企业反映的情况编制往来款项清查表。通过这个过程就可以清楚地查出双方企业是否存在有争议的款项、未清偿的款项和无法收回的款项，这样双方企业都可以及时掌握实际情况并对此商量解决办法，从而避免或者减少坏账。

第四章

出纳的基础业务

第一节　出纳凭证的填制

凭证即会计凭证，任何企业、事业和行政单位在从事任何一项经济业务时，都必须填制会计凭证，有关部门和人员要在会计凭证上签字或盖章，表示对会计凭证的真实性、正确性与合法性负责。会计必须对已取得的会计凭证进行严格的审核，因此，会计凭证不仅是用来记载经济业务发生的证明，同样也是明确经济责任、作为会计监督的重要依据。在第三章中我们了解到，按照填制程序，会计凭证一般分为原始凭证和记账凭证。

一、原始凭证的填制

（一）原始凭证的填制内容

原始凭证填制的基本内容包括：原始凭证的名称；接受凭证单位的名称；填制凭证的日期；经济业务的内容摘要；经济业务所涉及的数量、单价和金额；填制凭证单位、人员的签章；凭证的编号；凭证的联次、附件等。

（二）原始凭证的填制要求

为了保证原始凭证能正确、完整地反映经济业务，保证账务工作的质量，根据《会计基础工作规范》第四十八条的规定，填制原始凭证必须符合以下要求。

（1）原始凭证的内容必须具备：凭证的名称；填制凭证的日期；填制凭证单位名称或者填制人姓名；经办人员的签名或者盖章；接受凭证单位名

称；经济业务内容；数量、单价和金额。

（2）从外单位取得的原始凭证，必须盖有填制单位的公章；从个人取得的原始凭证，必须有填制人员的签名或者盖章。自制原始凭证必须有经办单位领导人或者其指定的人员签名或者盖章。对外开出的原始凭证，必须加盖本单位公章。

（3）凡填有大写和小写金额的原始凭证，大写与小写金额必须相符。购买实物的原始凭证，必须有验收证明。支付款项的原始凭证，必须有收款单位和收款人的收款证明。

（4）一式几联的原始凭证，应当注明各联的用途，只能以一联作为报销凭证。

一式几联的发票和收据，必须用双面复写纸（发票和收据本身具备复写纸功能的除外）套写，并连续编号。作废时应当加盖“作废”戳记，连同存根一起保存，不得撕毁。

（5）发生销货退回的，除填制退货发票外，还必须有退货验收证明；退款时，必须取得对方的收款收据或者汇款银行的凭证，不得以退货发票代替收据。

（6）职工公出借款凭据，必须附在记账凭证之后。收回借款时，应当另开收据或者退还借据副本，不得退还原借款收据。

（7）经上级有关部门批准的经济业务，应当将批准文件作为原始凭证附件。如果批准文件需要单独归档的，应当在凭证上注明批准机关名称、日期和文件字号。

（三）原始凭证的审查

（1）原始凭证的技术审查项目：凭证的名称；填制凭证日期；凭证编号；填制凭证的单位的公章；填制人员的签章；按照规定的审批权限，经手人和审批人的签字或盖章；接受单位名称；经济业务内容摘要；属于实有财产构成变化的凭证应填清品名、规格，单位、数量、单价及大小写金额，合计金额等；有无涂改、刮擦、挖补的错误；对凭证上的数量、金额进行复算，看是否与原值相等。

（2）原始凭证业务内容的审查：所记录的经济业务是否同实际相符，按国家规定、财经制度来检查凭证所反映的内容是否合法、合理、合规，通过与其他凭证进行核对证实其真实性，如将收料单同供应单位发票相核对来发现是否有不符的情况；白条单据应格外注意审查；对多联的原始凭证，要注意上下联的内容、金额是否相符等。

二、记账凭证的填制

记账凭证是会计登账的重要依据，是对审核后正确无误的原始凭证归类、整理，并确定会计分录而编制的凭证。在收款凭证、付款凭证和转账凭证中，出纳使用的是收款凭证和付款凭证。

（一）记账凭证的填制内容

原始凭证只能反映经济业务的发生情况，不能反映会计业务，加之复杂多样，不能统一，因此不能直接入账。为了保证会计工作的规范化，需按照会计科目和记账方法编制会计分录，明确记入的会计科目、金额及借贷方向。

1. 填制凭证的日期

收款凭证的填制日期应为货币资金的实际收入日期，付款凭证的填制日期应为实际付出日期；转账凭证的填制日期可以按收到原始凭证的日期或者编制记账凭证的日期填写。

2. 凭证编号

为了方便日后查找，记账凭证必须编号。

3. 经济业务摘要

摘要是对经济业务的简要说明。

4. 会计科目

会计科目是账户的名称，正确使用会计科目是进行账务处理的基础环节。

5. 金额

记账凭证中的金额是会计进行业务核算的基础，是编制会计报表的基础，是能够反映企业经营情况的重要依据，因此，必须按照规定仔细计算、准确填写。

6. 所附原始凭证的张数

为了正确反映记账凭证，需将原始凭证所附张数填写至相关记账凭证中，两者必须相符，以便后续核对。

7. 相关人员的签名或盖章

为了明确经济责任，在记账凭证中，填制人员、稽核人员、记账人员、会计机构负责人、会计主管人员必须签名或盖章。

（二）记账凭证的填制要求

记账凭证中的收、付款凭证一般由会计填制，但收支业务少的单位也可以由出纳填制。为了保证记账工作的质量，根据《会计基础工作规范》第五十一条的规定，填制记账凭证必须符合以下要求。

（1）记账凭证的内容必须具备：填制凭证的日期；凭证编号；经济业务摘要；会计科目；金额；所附原始凭证张数；填制凭证人员、稽核人员、记账人员、会计机构负责人、会计主管人员签名或者盖章。收款和付款记账凭证还应当由出纳人员签名或者盖章。

以自制的原始凭证或者原始凭证汇总表代替记账凭证的，也必须具备记账凭证应有的项目。

（2）填制记账凭证时，应当对记账凭证进行连续编号。一笔经济业务需要填制两张以上记账凭证的，可以采用分数编号法编号。

（3）记账凭证可以根据每一张原始凭证填制，或者根据若干张同类原始凭证汇总填制，也可以根据原始凭证汇总表填制。但不得将不同内容和类别的原始凭证汇总填制在一张记账凭证上。

（4）除结账和更正错误的记账凭证可以不附原始凭证外，其他记账凭证必须附有原始凭证。如果一张原始凭证涉及几张记账凭证，可以把原始凭证附在一张主要的记账凭证后面，并在其他记账凭证上注明附有该原始凭证的记账凭证的编号或者附原始凭证复印件。

一张原始凭证所列支出需要几个单位共同负担的，应当将其他单位负担的部分，开给对方原始凭证分割单，进行结算。原始凭证分割单必须具备原始凭证的基本内容：凭证名称、填制凭证日期、填制凭证单位名称或者填制人姓名、经办人的签名或者盖章、接受凭证单位名称、经济业务内容、数量、单价、金额和费用分摊情况等。

（5）如果在填制记账凭证时发生错误，应当重新填制。

已经登记入账的记账凭证，在当年内发现填写错误时，可以用红字填写一张与原内容相同的记账凭证，在摘要栏注明“注销某月某日某号凭证”字样，同时再用蓝字重新填制一张正确的记账凭证，注明“订正某月某日某号凭证”字样。如果会计科目没有错误，只是金额错误，也可以将正确数字与错误数字之间的差额，另编一张调整的记账凭证，调增金额用蓝字，调减金额用红字。发现以前年度记账凭证有错误的，应当用蓝字填制一张更正的记账凭证。

（6）记账凭证填制完经济业务事项后，如有空行，应当自金额栏最后一笔金额数字下的空行处至合计数上的空行处划线注销。

（三）记账凭证的审核

在登记账簿时，记账凭证是直接依据，需要严格审核，确保其正确无误。其审核的内容主要包括以下几个方面。

（1）所附原始凭证是否齐全，是否经过审核，原始凭证所记录的经济业务内容和数额与记账凭证是否一致。

（2）会计科目和核算内容是否与财务会计制度的规定相符，会计分录和账户对应关系是否正确，金额正确与否。

（3）需要填制的内容是否有遗漏。审核发现了错误，要查清原因，按规定更正。

第二节　出纳账簿的建立与工作交接

一、建立账簿的基本步骤

出纳账簿是指由特定格式的账页组成，全面、系统、连续地记录各项经济业务的账簿，其登记依据为会计凭证。在会计实务中，以在账页中填写会计科目的方式记录、反映该会计科目所规定的核算内容的账户，各账户之间的相互关系通过账户对应关系来体现。出纳使用的账簿为现金日记账和银行存款日记账，按照规定必须采用订本式账簿。

（1）在账簿启用表上填写单位名称、账簿名称、账簿编号、账簿页数、启用日期、经管人员与会计负责人等，如表4-1所示。

（2）会计人员在移交时，应注意交接日期、交接人员以及签订人员姓名，双方签字或盖章以明确责任。

（3）建立总账，并结转上年余额。

（4）把活页按顺序编号，登记目录，最后贴上账户标签。

表4-1　账簿启用表

<table>
<tr><td>单位名称</td><td colspan="3"></td><td>单位公章</td></tr>
<tr><td>账簿名称</td><td colspan="3">账</td><td rowspan="5"></td></tr>
<tr><td>账簿编号</td><td colspan="3">字 第　号 第　册 共　册</td></tr>
<tr><td>账簿页数</td><td colspan="3">本账簿共计　页</td></tr>
<tr><td>启用日期</td><td colspan="3">年　月　日</td></tr>
<tr><td>经管人员</td><td>接管</td><td>移交</td><td>会计负责人</td></tr>
</table>

续表

姓名	盖章	年	月	日	年	月	日	姓名	盖章	印花税粘贴处

二、出纳工作的交接

根据《会计基础工作规范》的规定，如果单位发生变动，或出纳人员需要调整，原出纳人员必须将本岗位经手办理的出纳工作，在规定的交接日期，向接管的出纳人员移交清楚。没有办清交接手续的，不得调动或离职。通过交接，可以明确工作责任，便于接手的出纳人员熟悉工作，也有利于发现和处理出纳工作和资金管理方面存在的问题，预防经济责任事故与经济犯罪的发生。

（一）交接要求

出纳在交接时应做到两点：一是移交人员与接收人员要办理出纳交接手续；二是由专人负责监督交接过程。在交接时，要进行财产清理，做到账账核对、账款核对。在交接清楚后，应填写移交表，将所有移交的票、款、物编制详细的移交清册，按册向接交人点清。在交接核对无误后，由交、接、监三方签字或盖章。

（二）交接内容

出纳交接工作的大致内容包括以下几项。

（1）对于库存现金，证券、股票等有价证券，以及其他贵重物品，要根据会计账簿的有关记录逐一点交。

（2）交接所有发票、支票、印章及银行预留印鉴，同时由接收人更换预留在银行的印鉴。

（3）交接盘点时要注意发票、支票的号码是相连的。

（4）交接盘点时仔细查看原始凭证、记账凭证，并注意妥善保管。

（5）交接盘点时仔细查看已使用、未使用、已作废的收据存根和收据其他联，并注意妥善保管。

（6）交接盘点时仔细查看支票簿，并注意妥善保管。

（7）双方交接账簿时，应保证账簿完整真实，账账相符、账实相符。

（8）在交接时，应将银行对账单、合同等其他有关会计资料、会计用品列明清单，仔细核对。

（9）企业证件，主要包括企业的营业执照正本、营业执照副本、税务登记证正本、税务登记证副本、银行开户许可证、发票领购本、地税通卡等。

（10）核对银行存款日记账与银行对账单，并编制银行存款余额调节表。

（三）交接程序

1. 第一阶段——交接准备

（1）将已经受理的业务处理完毕。

（2）出纳人员结出账簿余额，在最后一笔余额处加盖其名章。

（3）整理应移交的各种资料。对于未了事项和遗留问题，要写出书面说明材料。

（4）编制移交清册，将要办理移交的物品、文件等列清；在实行会计电算化的企业中，移交人员还应在移交清册上列明会计软件及密码、数据盘磁带等内容。

（5）出纳日记账应与现金和银行存款总账核对相符，现金日记账余额要与库存现金一致，银行存款日记账金额要与银行对账单一致。

（6）在现金和银行存款日记账扉页的启用表上填写移交日期，并加盖名章。

2. 第二阶段——移交过程

（1）库存现金要当面点交，并与日记账余额核对；接收人员发现不一致或出现“白条抵库”现象时，移交人员应在规定的期限内负责查清原因。

（2）有价证券要根据备查账簿余额进行点收，若发现有价证券面额与发行价不一致时，要按账面金额交接。

（3）保证出纳账和其他会计资料完整、真实。如不完整，须查清原因，并在移交清册上注明由移交人员负责。

（4）银行存款账户要与银行对账单核对一致，出纳人员在办理交接前，须向银行申请打印对账单；如存在未达账项，还需编制银行存款余额调节表，调整相符。

（5）接收人员应按移交清单点收应由出纳人员保管的财产物资。

（6）在实行会计电算化的企业中，交接双方应在计算机上对有关数据进行实际操作，确认有关数据无误后，方可交接。

3. 第三阶段——交接完毕

（1）出纳工作交接完毕后，交接双方和监交人员应在移交清单上签字或盖章，并注明各自的职务、交接日期、需要说明的问题和意见等。

（2）接收人员应继续使用移交前的账簿，不得擅自另立账簿，以保证会计记录前后衔接、内容完整。

（3）移交清册须一式三份，交接双方各持一份，存档一份。

（四）交接注意事项

（1）在出纳双方交接时，双方人员一定要现场当面完成核对工作，不得由第三方代替。

（2）在交接后，接收的出纳人员应及时向开立账户的银行办理印鉴更换，修改保险柜密码，查看存放现金、贵重物品、公章等的周围环境是否安全；如不够妥善、安全，要立即采取补救措施。

（3）为了保持会计工作的连贯性，接收的出纳人员应继续使用移交的账簿、银行存单和尚未使用的发票。

（4）为了保证接收人员尽快独立开展会计工作，双方应就年度工作计划、计划执行进度情况、待办事项、在日后执行过程中可能出现的问题、处理方法及注意事项交接清楚。

（5）在交接后，交接前经办的业务责任人仍是移交人，移交人应对自己经办的已经移交的资料的合法性、真实性承担法律责任。

第三节　出纳账簿的登记

一、登记基本要求

根据《会计基础工作规范》第六十条的规定，会计人员应当根据审核无误的会计凭证登记会计账簿。登记账簿的基本要求如下。

（1）登记会计账簿时，应当将会计凭证日期、编号、业务内容摘要、金额和其他有关资料逐项记入账内，做到数字准确、摘要清楚、登记及时、字迹工整。

（2）登记完毕后，要在记账凭证上签名或者盖章，并注明已经登账的符号，表示已经记账。

（3）账簿中书写的文字和数字上面要留有适当空格，不要写满格；一般应占格距的二分之一。

（4）登记账簿要用蓝黑墨水或者碳素墨水书写，不得使用圆珠笔（银行的复写账簿除外）或者铅笔书写。

（5）下列情况，可以用红色墨水记账：

①按照红字冲账的记账凭证，冲销错误记录。

②在不设借贷等栏的多栏式账页中，登记减少数。

③在三栏式账户的余额栏前，如未印明余额方向的，在余额栏内登记负数余额。

④根据国家统一会计制度的规定可以用红字登记的其他会计记录。

（6）各种账簿按页次顺序连续登记，不得跳行、隔页。如果发生跳行、隔页，应当将空行、空页划线注销，或者注明“此行空白”“此页空白”字样，并由记账人员签名或者盖章。

（7）凡需要结出余额的账户，结出余额后，应当在“借或贷”等栏内写明“借”或者“贷”等字样。没有余额的账户，应当在“借或贷”等栏内写“平”字，并在余额栏内用“0”表示。

现金日记账和银行存款日记账必须逐日结出余额。

（8）每一账页登记完毕结转下页时，应当结出本页合计数及余额，写在本页最后一行和下页第一行有关栏内，并在摘要栏内注明“过次页”和“承前页”字样；也可以将本页合计数及金额只写在下页第一行有关栏内，并在摘要栏内注明“承前页”字样。

对需要结计本月发生额的账户，结计“过次页”的本页合计数应当为自本月初起至本月末止的发生额合计数；对需要结计本年累计发生额的账户，结计“过次页”的本页合计数应当为自年初起至本年末止的累计数；对既不需要结计本月发生额也不需要结计本年累计发生额的账户，可以只将每页末的余额结转次页。

二、现金日记账的登记方法

（一）三栏式现金日记账的登记方法

由经管现金的出纳根据审核后的现金收、付款凭证进行逐笔序时登记。根据相关规定，凡从银行提取现金业务，只填银行存款付款凭证，不填现金收款凭证。因此，从银行提取现金的收入数应根据银行存款凭证登记。每日终了，应分别计算现金收入、付出金额的合计数，并用下列公式计算本日余额。

本日余额=昨日余额数+本日收入金额合计数-本日付出金额合计数

在结出余额后，出纳应盘点库存现金，核对账款是否相符，借以检查本日现金收、付和结存情况。若账款不符，则应及时查明原因。

三栏式现金日记账的登记方法如下。

（1）日期栏：应填制记账凭证上所显示的日期。

（2）凭证栏：指登记入账的收付数凭证的种类和编号，如“现收字第1号”。

（3）摘要栏：应填制经济业务的简要内容。

（4）收入（借方）/支出（贷方）栏：应填制实际收付的现金金额数。每日终了结出余额，每月终了同样要结出余额，这就是通常所讲的“日清月结”。

（二）多栏式现金日记账的登记方法

（1）根据有关现金收入记账凭证填制现金收入日记账；根据有关现金支出记账凭证填制现金支出日记账。

（2）每日营业终了，结算出现金支出日记账的支出合计数，并把合计数转入现金收入日记账的“支出合计”栏，结出当日的现金余额。

三、银行存款日记账的登记方法

（一）三栏式银行存款日记账的登记方法

企业、事业单位所设置的银行存款日记账，由出纳根据审核合法的银行存款收付凭证（包括现金付款凭证中的存款业务），按其编号顺序逐笔进行登记。在我国一般采用三栏式账簿，按照存款种类分别设置。对于现金存入银行业务、存款的收入数，应根据现金付出凭证登记。每日终了，应分别计算银行存款收入、付出的合计数和本日余额。本日余额的计算方法与现金结余的计算方法相同。每日结出账面余额，可以检查和监督各项收支情况，并便于定期同银行送来的对账单逐笔核对。

银行存款日记账的登记方法与现金日记账的登记方法类似，具体如下。

（1）日期栏：应填制记账凭证上所显示的日期。

（2）凭证栏：应填制记账凭证的种类和编号。

（3）对方科目栏：应填制银行存款收入或支出的对方科目。

（4）摘要栏：则应填制经济业务的简要内容。如果业务涉及现金支票或转账支票等票据，应填写票据的编号，以便期末与银行对账。

（5）收入、支出栏：应填列现金实际收付的金额，同现金日记账一样，也应做到“日清月结”。

（二）多栏式银行存款日记账的登记方法

在结算时，根据银行存款支出日记账，每日将支出合计数过入银行存款收入日记账的“支出合计”栏，并结出余额，以反映各种银行存款的每日结存数。月末，结出各对应账户栏以及收入和支出的总额（本月发生额），据以登记总分类账。但其中“现金”账户栏的本月发生额，因已同时记入现金收入日记账和现金支出日记账，故不需要过入总账，以免重复。

第四节　出纳对账与结账

一、出纳对账

出纳根据工作需要可以对原始凭证、记账凭证和日记账进行日常核对和定期核对。同时为了保证账簿记录的正确性，还要进行有关账项核对。

（一）对账种类

《会计基础工作规范》第六十二条对对账种类有以下规定。

各单位应当定期对会计账簿记录的有关数字与库存实物、货币资金、有价证券、往来单位或者个人等进行相互核对，保证账证相符、账账相符、账实相符。对账工作每年至少进行一次。

（1）账证核对。核对会计账簿记录与原始凭证、记账凭证的时间、凭证字号、内容、金额是否一致，记账方向是否相符。

（2）账账核对。核对不同会计账簿之间的账簿记录是否相符，包括：总账有关账户的余额核对，总账与明细账核对，总账与日记账核对，会计部门的财产物资明细账与财产物资保管和使用部门的有关明细账核对等。

（3）账实核对。核对会计账簿记录与财产等实有数额是否相符。包括：现金日记账账面余额与现金实际库存数相核对；银行存款日记账账面余额定期与银行对账单相核对；各种财物明细账账面余额与财物实存数额相核对；各种应收、应付款明细账账面余额与有关债务、债权单位或者个人核对等。

（二）账实不符的处理

下面仅对出纳工作实务中常出现的账实不符的处理进行简单介绍。

1. 现金日记账账面余额与库存现金数额不相符

处理方法为：采用实地盘点的方法来确定库存现金的实际结存金额，然后与现金日记账的余额进行核对，以确定账实是否相符及现金长款（溢余）和现金短款（短缺）情况。现金清查需要填写“现金盘点报告表”，并据以调整现金日记账的账面记录。

如果账实不符，发现有待查明原因的现金短缺或溢余，则应先通过“待处理财产损溢”科目核算。按管理权限报经批准后，分以下情况处理。

（1）若现金清查时发现长款且原因待查时，借记“库存现金”，贷记“待处理财产损溢——待处理流动资产损溢”，查清原因经单位领导审批后转为“营业外收入”。

（2）若现金清查时发现短款且原因待查时，借记“待处理财产损溢——待处理流动资产损溢”，贷记“库存现金”；待查明是出纳人员××的责任后，由该出纳人员赔偿，借记“其他应收款——应收现金短缺款——××”，贷记“待处理财产损溢——待处理流动资产损溢”；若最终无法查明原因，则经单位领导审批后转入“管理费用”。

2. 银行存款日记账的账面余额与银行对账单的余额不相符

处理方法为：通过将企业的银行存款日记账记录与银行的对账单记录进行核对，找出未达账项，以此查明银行存款的实有数额。银行存款日记账的账面余额与开户银行对账单的余额不一致的原因一般为存在未达账项或一方做账有错误。对于未达账项，应通过编制“银行存款余额调节表”进行调整。

未达账项是指企业与银行之间由于存在时间差，导致其中一方已登记入账，另一方未收到相关凭证，从而未能登记入账而造成的金额不一致。未达账项是银行存款收付结算业务中的正常现象，主要有以下4种情况。

（1）银行已经收款并登记入账，而企业尚未收到银行的收款通知因而未能登记入账的款项，如委托银行收款等。

（2）银行已经付款并登记入账，而企业尚未收到银行的付款通知因而未能登记入账的款项，如借款利息的扣付等。

（3）企业已经收款并登记入账，而银行尚未办理完转账手续因而未登记入账的款项，如收到外单位的转账支票等。

（4）企业已经付款并登记入账，而银行尚未办理完转账手续因而未登记入账的款项，如企业已开出支票而持票人尚未向银行提现或转账等。

二、出纳结账

结账是指在每个会计期末，计算并结转各账户的本期发生额和期末余额。在结账前，必须将本期发生的相关经济业务全部登记入账。现金日记账、银行存款日记账根据收付记账凭证登记完毕，并且将发生额与有关对应科目的发生额核对无误后才能结账。结账分为日结账、月结账、季结账、年结账。

（一）日结账

出纳在每日终了按规定登记收入日记账和支出日记账后，结出当日收入合计数和当日支出合计数，然后将支出日记账中当日支出合计数转记收入日记账中的当日支出合计栏内，在此基础上再结出当日账面余额。

（二）月结账

月结账以月度为一个会计账期，每个月末总结本月的经济业务情况。月底应采用划线结账的方法进行结账，即在各账户的最后一笔账的下一行结出“本期发生额”和“期末余额”，在“摘要”栏内注明“本月合计”字样。月末如无余额，应在“借或贷”一栏中注明“平”，并在“余额”栏中记“0”后，划上一条红线。对需逐月结算本年累计发生额的账户，应逐月计算自年初至本月份止的累计发生额，并登记在月结的下一行。在“摘要”栏内注明“本月止累计”字样。

（三）季结账

首先，完成季度内最后一个月的结账工作后，在最后一个月的月结下面划一条通栏红线，用于表示本季度结束；其次，在红线下结算出本季发生额和季末余额，并在“摘要”栏内注明“本季合计”字样；最后，在“摘要”栏下面划一条通栏红线，表示完成季结工作。

（四）年结账

年结账以年度为一个会计账期，总结本年度各经济业务情况。年末，累计计算全年的发生额，登记在12月份的合计数的下一行，在“摘要”栏内注明“本年合计”字样，并在下面划双红线。对于有余额账户，应把余额结转至下一年，在年结数的下一行的“摘要”栏内注明“结转下年”字样。在下一年的新账页的第一行的“摘要”栏内注明“上年结转”字样，并把上年年末余额数填写在“余额”栏内。

第五章

出纳的现金管理业务

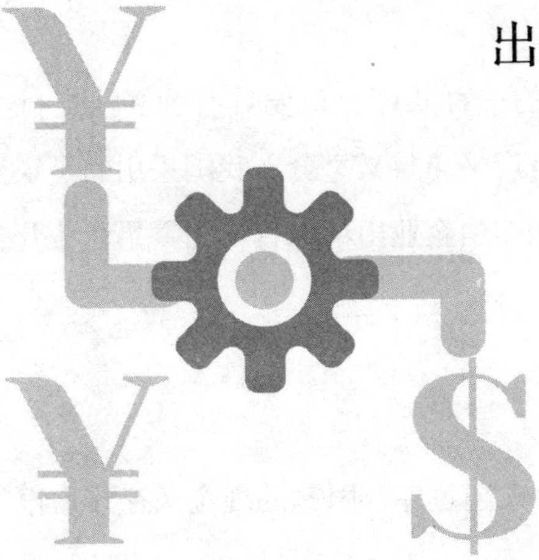

第一节 现金存取业务的管理

现金是随时可以流通、支付的一种票证，只要具有购买或支付能力，均可视为现金。现金从理论上讲有广义与狭义之分，我国采用的是狭义的现金，即企业所拥有的硬币、纸币，即由企业出纳保管作为零星业务开支用的库存现款。

一、现金存入业务流程

企业应及时将当天收入的现金或超过库存限额的现金送存开户银行。现金送存的流程如下。

（1）清点票币。在送款前应清点整理将要送存的现金。

出纳应将现金按照币别、币种分开，平铺整齐，同币种同面额的纸币摆放在一起，按每百张为一把整理好，不够整把的，从大额到小额顺序摆放。每百张为一把，每十把为一捆，用纸条在腰中捆扎好，余为零头。

硬币按币别、币种分开，将同额硬币放在一起，壹元、伍角、壹角硬币，每百枚或五十枚用纸卷为一卷，十卷为一捆，不足一卷为零头，零头一般不送存银行，留作找零用；最后合计出需要存款的金额。

（2）填写现金进账单（缴款单）。当票币清点整齐、核对无误后，由出纳根据清点好的存款金额填写现金进账单，各种币别的金额合计数应与存款金额一致。

出纳在填写现金进账单时，要按格式规定如实填写有关内容，包括收款单位名称、款项来源、开户银行、业务日期、科目账号、大小写金额及各券别的数量等。

（3）向银行提交现金进账单和整点好的票币。

（4）开户银行受理后，在现金进账单上加盖“现金收讫”戳记和银行预留印鉴后退回交款人一联。

（5）根据银行退回的盖有“现金收讫”戳记和银行预留印鉴的一联现金进账单，编制记账凭证。

（6）根据记账凭证登记现金日记账。

二、现金提取业务流程

为了顺利开展相关业务，各单位要留用一定金额的现金。当各单位需要用现金支付而库存现金小于库存现金定额需要现金补足时，按规定可以从银行提取现金。提取现金的流程如下。

（1）签发现金支票。现金支票是由存款人签发，委托开户银行向收款人支付一定数额现金的票据。现金支票是支票的一种，是专门用于支取现金的。支票的相关知识详见第六章。

（2）出纳将现金支票送交给银行提现。记账人员根据支票存根编制记账凭证。

第二节　现金收款与付款业务的管理

一、现金收款业务管理

现金收款业务指的是各单位所开展的生产经营和非生产经营活动中收到现金的经济业务。它包括企业、事业单位由于销售商品、提供劳务而取得的现金收入业务，机关、团体、部队、企事业单位提供非经营性服务而取得的现金收入，以及单位内部的现金收入，如出差人员报销差旅费退回的多余款项、向单位职工收取的违反制度罚款、执法单位取得的罚没收入等。

（一）现金收入管理原则

（1）现金来源必须合理合法。企业多种现金收入必须符合国家对企业的相关规定与自身实际需要，不能随意列开支项目提取现金或出售商品（产品）金额在结算起点以上的拒收银行结算凭证而收取现金或按一定比例搭配收取现金；单位在国家规定的使用范围和限额内要使用现金，应从开户银行提取，提取时应写明用途，由本单位财务部门负责人签字或盖章，经开户银行审核后，予以支付现金，不得编造用途套取现金等。

（2）现金收入手续必须严格。为了避免金额的错误以及防止后期双方引起纠纷，在收入现金时应当面清点现金数额，经复点并经双方确认无误后，再开给交款人“收款收据”，不能先开具“收款收据”后收款。收款业务应一笔一清，不能几笔收款或几笔付款一起办理。严禁收款不开“收款收据”，一切现金收入都应开具收款收据，以明确经济责任。不准收款后过一段时间再来开具“收款收据”。对收入现金的“收款收据”应加盖“现金收讫”戳记。

（3）现金收入要及时送存银行。各单位在收入现金后，应及时送存银行。

（4）根据《现金管理暂行条例》要求，对库存现金进行限额管理。库存现金限额的要求是既能保证现金安全，又能保证开户单位的现金足够使用，所以库存现金限额由开户银行与开户单位根据具体情况商定。当各单位收入的现金超过库存现金限额时，也应将超过限额的现金及时送存银行。及时送存一般是指当日送存，如有的单位离开户银行较远，交通不便，则可由开户银行确定送存时间。如果收入的现金是在开户银行当天停止收款以后发生的，则应在第二天送存银行。

（二）现金收款业务的原始凭证

涉及现金收款业务的原始凭证一般分为以下三种。

1. 发票

《中华人民共和国发票管理办法》规定：“发票是指在购销商品、提供或者接受服务以及其他经营活动中，开具、收取的收付款凭证。”发票是进行会计核算的原始凭证，也是税务机关进行税务稽查的重要依据。

2. 非经营性收据

根据《财政票据管理办法》的相关规定，非经营性收据针对的是非生产经营活动，是国家机关等事业单位按照相关政策规定收取服务费或咨询费时给企业开具的收款收据。非经营性收据由国家财政部门统一印制或加盖监制公章。国家机关等事业单位在按规定收取各种服务费或咨询费用时必须开具非经营性收据。

3. 内部收据

内部收据一般适用于以下两种情况：一是企业内部部门或与内部职工之间的现金往来；二是企业与外部企业或外部个人之间的属于非经营性活动的

现金往来。内部收据一般由单位根据自己的需要设计印制或向商店购买，无须到税务部门领购。

（三）现金收入程序

（1）对现金收入来源相关凭证必须仔细审核，清点现金并核对与票据记载金额是否一致，同时辨别钱币真伪。

（2）收据一式三联，第一联为存根，第二联作为记账联用来记账，第三联作为收据交还交款人。第二联、第三联都需加盖财务专用章。

（3）出具收款收据需加盖“现金收讫”戳记，销售发票审核无误后需加盖“现金收讫”戳记，然后记账。

（4）根据相关原始凭证编制现金收款记账凭证。

二、现金付款业务管理

（一）现金付款的原则

（1）付款合法。出纳必须以内容真实、准确、合法的原始凭证为付款依据，并请领导签字。

（2）不得套用现金。套现是指逃避现金审查，采用不正当手段支取现金的违法行为。

（3）手续完备。出纳应按规定审核并办理现金付款手续。

（二）现金付款的内容

（1）支付的职工工资，即出纳根据工资汇总表支付的员工工资。

（2）预借的差旅费，即出纳根据审核后的借款单支付给职工因公出差预借的差旅费。

（3）预借的备用金，即出纳根据备用金审批单据，支付给经办人的备用金。

（4）支出的其他现金款项，即支出的其他使用现金结算的款项。

（三）现金付款程序

1. 主动现金付款的程序

主动付款，是指出纳将现金主动付给单位或个人，如发放工资、奖金、津贴福利等现金付款业务。

（1）根据有关的资料编制付款单，并计算出付款金额。

（2）根据付款金额清点现金（不足的应从开户银行提取），按单位或个人分别装袋。

（3）在发放现金时，如果是直接发给收款人的，则要当面清点并由收款人签收（签字或盖章）；如果是他人代为收款的，则由代收人签收。

（4）根据付款单等资料编制记账凭证。

（5）根据记账凭证登记现金日记账。

2. 被动现金付款的程序

被动付款，是指收款单位或个人持有关凭据到财务部门的出纳处领报现金的业务。

（1）受理相关凭据，即入账的原始凭证，如报销单据、借据、其他单位和个人的收款收据等。

（2）审核原始凭证。

（3）在审核无误的付款凭证上加盖“现金付讫”章。

（4）现金付款并进行复点，并要求收款人当面点清。

（5）根据原始凭证编制记账凭证。

（6）根据记账凭证登记现金日记账。

（四）现金付款的注意事项

（1）在使用现金付款前必须仔细审核现金付款凭证，审核要付款金额及是否具有相关领导的审批签字。

（2）在使用现金付款完毕后，要在现金付款凭证上加盖“现金付讫”戳记，然后记账。

（3）当发生销售退回时，退款金额较少，根据《现金管理暂行条例》，结算起点以下的零星支出需用现金退款时，需要取得对方的收款收据，不得以退货发票代替收款收据编制付款凭证。

（4）如从外单位取得的付款原始凭证遗失，则由当事人写出详细情况，由经办人证明，并由主管领导和财务负责人批准，可代替原始凭证入账。

第三节　库存现金的账务处理

一、现金收入的账务处理

现金收入的来源有业务收入、非业务收入、预收款项和其他现金收入。

（一）业务收入类型及账务处理

在这里主要介绍企业的业务收入现金，即营业收入现金记账凭证的编制。

1. 业务收入类型

（1）工业企业营业收入。包括两部分收入：产品销售收入和其他业务收入。其中，产品销售收入一般使用转账的方式完成，其他零星的业务销售才收取现金。

（2）商品流通企业营业收入。其零售货物发生的现金收入一般由柜台的收款员直接送存银行，不通过财务部门。财务部门只是于每日营业终了后，根据柜台收款员“现金交款单”的回单联和有关销售凭证，填制银行存款收款凭证，不作现金收款凭证。如果该企业不是由柜台收款员将现金收入送存银行，而是交给出纳送存银行的，则财务部门应先根据柜台收款员送交的现金收入填制现金收款凭证。

2. 账务处理

业务收入业务的借方记入“库存现金”科目，贷方记入“主营业务收入”科目。此外，增值税一般纳税人贷方还包括“应交税费——应交增值税（销项税额）”科目。

（二）非业务收入的账务处理

非业务收入是指企事业单位的收入中非日常活动部分所取得的收入，主要包括对外投资活动所取得的投资收入和企业的营业外收入。营业外收入是指企业发生的与企业生产经营无直接关系的各项收入，包括企业非流动资产处置利得、盘盈利得、罚没利得、捐赠利得等。一般来说，企业的投资收入都通过银行转账结算。当然，也有可能取得现金投资收益。而营业外收入，如企业处理固定资产取得的收入、职工违反制度要上交的罚款等，大多数是以现金结算的。如果企业取得的营业外收入为现金收入，则应按规定编制现金收款凭证，贷方科目为“营业外收入”。

（三）预收款项的账务处理

预收款项是指在发出货物之前，有货物需求或接受劳务的单位或个人用现金预交的货款、劳务服务款或定金。根据企业相关会计制度的规定，收到的预收现金账款应通过“预收账款”科目核算；不设“预收账款”科目的企业，通过“应收账款”科目核算。因此，当收取现金后编制现金收款凭证时，贷方科目应为“预收账款”或“应收账款”。

（四）其他现金收入的账务处理

其他现金收入主要是不属于营业收入、非营业收入和预收账款的其他现金收入，主要包括5类：向有关单位和个人收取的各种赔款、罚款；向有关单位和个人收取的押金；向有关单位和个人收回的借款；向其他单位和个人收回的押金；向职工收回的各种代垫款项等。

按照现行《〈企业会计准则——应用指南〉附录：会计科目和主要账务处理》的规定，这些款项一般通过“其他应收款”“其他应付款”科目进行核算。在收到现金时，应根据现金收款原始凭证编制会计分录，其贷方科目一般为“其他应收款”或“其他应付款”。

二、现金支出的账务处理

现金付款业务是指各单位在其经营活动过程中向外部单位或个人支付现金的业务。

现金付款业务包括各会计主体购买货物、接受劳务而对外支付现金的业务，向本单位职工发放工资的业务，向外单位支付现金押金的业务，向本单位有关部门支付备用金的业务，本单位职工预借差旅费及其报销的业务，为本单位职工代垫、代付有关款项的业务，以及其他向有关单位和个人支付现金款项的业务，等等。

（一）现金支付方式

1. 直接支付现金

直接支付现金方式有主动支付和被动支付两种。使用直接支付现金这种方式，出纳部门或人员要事先做到保证现金储备在库存现金限额内能够支付。

2. 现金支票

现金支票方式是指出纳根据审核无误的有关凭证将填好的现金支票交给收款人，由收款人直接到开户银行提取现金的支付方式。这种支付方式与直接支付现金方式的作用相同，主要适用于大宗的现金付款业务。

（二）现金支付过程

1. 审核原始凭证

出纳应仔细核对现金付款原始凭证，确保原始凭证真实、合法、准确。由于现金付款业务直接表现为现金的支付，因而对原始凭证的真实性、合法性的审核就更为重要。现金付款凭证的贷方科目为“库存现金”，借方科目取决于业务性质。

2. 编制现金付款记账凭证

由于现金付款业务发生十分频繁，而且业务性质较为复杂，其会计核算的工作主要由出纳负担。为了方便出纳了解现金付款业务的全貌，我们对主要的现金付款业务进行详细介绍。

（三）现金付款业务分类及账务处理

1. 发放职工薪酬

提取现金，借方科目为“库存现金”，贷方科目为“银行存款”。企业按照有关规定向职工支付工资、奖金、津贴、职工福利费等，借记“应付职工薪酬”科目，贷记“库存现金”科目。

用人单位发放职工工资，也可以通过银行转账，其借方科目为“应付职工薪酬”，贷方科目为“银行存款”。此外，企业支付工会经费和职工教育经费用于工会运作和职工培训，借记“应付职工薪酬”科目，贷记“银行存款”等科目；企业按照国家有关规定缴纳社会保险费和住房公积金，借记“应付职工薪酬”科目，贷记“银行存款”科目；企业因解除与职工的劳动关系而向职工给予的补偿，借记“应付职工薪酬”科目，贷记“银行存款”等科目。具体处理详见第七章“出纳工资发放业务”。

2. 备用金领用及报销

备用金是主要供单位内部使用，适用于单位内部的零星开支、零星采购、售货找零或差旅费等所用的款项。备用金可以分为定额备用金和非定额备用金两种，在这里主要介绍定额备用金的核算。定额备用金是单位对经常使用备用金的内部各部门或工作人员根据其零星开支、零星采购等的实际需要而核定一个现金数额，并保证其经常保持核定的数额。

（1）备用金领用。如单位内部部门或员工需要领用备用金，一般应由申请人如实填写借款凭证，送领导审批后根据借款凭证编制现金付款记账凭证。

对于企业来说，借用备用金的现金付款记账凭证，借方科目为“其他应收款——备用金”，贷方科目为“库存现金”；对于预算单位，借用备用金的，借方科目为“暂付款”，贷方科目为“经费现金”或“库存现金”。出纳根据现金付款记账凭证付给现金（或现金支票）。

（2）备用金报销。当单位内部部门或员工报销费用时，应由报销人填制现金付款记账凭证，借方为相应科目，其贷方科目自然为“库存现金”。出纳应将报销的金额用现金补给报销的部门或工作人员，这样报销后有关部门或工作人员手中的现金又会达到核定的限额。

3. 差旅费

（1）借支差旅费。单位工作人员因出差需提前支取差旅费时，应首先将借款单交至财务部门，可以根据需要使用统一的“差旅费借款结算单”，也可以使用普通的借款借据或者借款凭证，按照借款单所列内容填写完整，然后送所在部门的领导和有关人员审查签字。财务部门根据借款单编制现金付款记账凭证，借方科目为“其他应收款”，贷方科目为“库存现金”。

（2）报销差旅费。出差人员出差回来，需报销差旅费时，应首先填写报销单，然后交由所在部门和财务部门领导审查签字，由财务部门有关人员对差旅费进行结算，编制会计凭证后交出纳人员具体办理现金收付。对于实行定额备用金的部门，按其实际报销金额，借方科目为“管理费用”等有关科目，贷方科目为“库存现金”。

4. 预付现金

如本单位按照与其他单位的合同需要预付货款或者有其他需要预付的费用，财务部门应根据对方单位提供的或由本单位编制的收据、发票等，编制现金付款记账凭证，其借方科目为“预付账款”（不设“预付账款”科目时可记入“应收账款”科目的借方）。

5. 支付劳务费

如果本单位需支付给其他单位劳务费，则应由对方单位开具发票等原始凭证，本单位凭原始凭证编制记账凭证，并付款；而支付给个人的劳务费，通常需要由本单位编制原始凭证，由提供劳务的个人签字后，据以编制记账凭证，并付款。财务部门在编制会计分录时，其贷方为“库存现金”科目，其借方科目则应根据接受劳务的部门而定。比如，接受劳务的是生产车间，则借方为“制造费用”科目；接受劳务的部门是销售部门，则借方为“销售费用”科目；接受劳务的部门是行政部门，则借方为“管理费用”科目。

第四节　现金的日清月结工作

由于每天现金收、付时间不固定，且较为频繁，同时涉及的经办人员较多，很容易造成差错，因此，按照《会计基础工作规范》的要求，出纳经手的现金必须做到“日清月结”。具体内容包括以下几点。

（1）**清理各种现金收付款凭证**。核对各种收付款凭证与其原始凭证，保证两者所表达的内容一致；同时还要保证每张单证已经盖齐“收讫”或“付讫”的戳记。

（2）**登记和清理日记账**。日记账要日清月结，保证当日发生的所有现金业务必须全部登记入账，保证账证相符，即现金日记账所登记的内容、金额与收付款凭证的内容、金额一致。清理完毕后，结出现金日记账的当日库存现金账面余额。

（3）**现金盘点**。出纳应按币别分别清点其现金的金额，盘点后与账面余额进行核对，看两者是否相符。关于账实不符的账务处理详见第四章第四节。

（4）**按规定实际库存现金不得超过库存现金限额**。出纳每天应检查实际库存现金是否超过规定的库存现金限额，对于超出部分，应及时送存银行；如果实际库存现金少于库存现金限额，则应及时补提现金。

第六章

出纳的银行存款管理业务

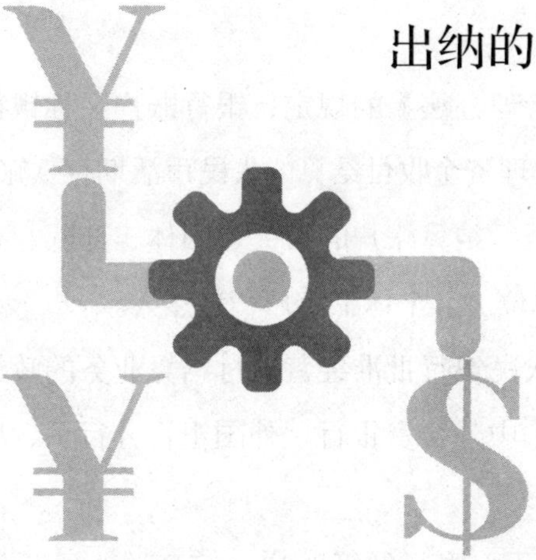

第一节　银行账户的分类与开立

根据《人民币银行结算账户管理办法》的规定，银行账户又称银行结算账户，是指银行为存款人开立的办理资金收付结算的人民币活期存款账户。

存款人是指在中国境内开立银行结算账户的机关、团体、部队、企业、事业单位、其他组织（以下统称单位）、个体工商户和自然人。

银行是指在中国境内经中国人民银行批准经营支付结算业务的政策性银行、商业银行（含外资独资银行、中外合资银行、外国银行分行）、城市信用合作社、农村信用合作社。

存款人应在注册地或住所地开立银行结算账户，符合《人民币银行结算账户管理办法》规定可以在异地（跨省、市、县）开立银行结算账户的除外。存款人以单位名称开立的银行结算账户为单位银行结算账户。单位银行结算账户按用途分为基本存款账户、一般存款账户、专用存款账户、临时存款账户。单位银行结算账户的存款人只能在银行开立一个基本存款账户。存款人开立基本存款账户、临时存款账户和预算单位开立专用存款账户实行核准制度，经中国人民银行核准后由开户银行核发开户登记证。但存款人因注册验资需要开立的临时存款账户除外。

一、基本存款账户及其开立

基本存款账户是存款人因办理日常转账结算和现金收付需要开立的银行结算账户。

可申请开立基本存款账户的存款人包括：（1）企业法人；（2）非法人企

业；（3）机关、事业单位；（4）团级（含）以上军队、武警部队及分散执勤的支（分）队；（5）社会团体；（6）民办非企业组织；（7）异地常设机构；（8）外国驻华机构；（9）个体工商户；（10）居民委员会、村民委员会、社区委员会；（11）单位设立的独立核算的附属机构；（12）其他组织。

存款人申请开立基本存款账户的，应填制开户申请书，经银行审核同意后，凭中国人民银行当地分支机构核发的开户许可证即可开立该账户。存款人再提供规定的证件，送交盖有存款人印章的印鉴卡片，就可以办理相关的银行业务了。

二、一般存款账户及其开立

一般存款账户是存款人因借款或其他结算需要，在基本存款账户开户银行以外的银行营业机构开立的银行结算账户。存款人可以通过一般存款账户办理转账、结算和现金缴存业务，但不能办理现金支取业务。

存款人申请开立一般存款账户的，应填制开户申请书，提供相应的证明文件，送交盖有存款人印章的印鉴卡片，经银行审核同意后，即可开立该账户。能申请开立一般存款账户的存款人有以下两种：在基本存款账户以外的银行取得借款的单位和个人；与基本存款账户的存款人不在同一地点的附属非独立核算单位。

三、临时存款账户及其开立

临时存款账户是存款人因临时需要并在规定期限内使用而开立的银行结算账户。

存款人申请开立临时存款账户的，应填制开户申请书，提供相应的证明文件（当地工商行政管理机关核发的临时执照或当地有关部门同意设立外来临时机构的批件等），送交盖有存款人印章的印鉴卡片，经银行审核同意后，即可开立该账户。有下列情况的，存款人可以申请开立临时存款账户：

（1）设立临时机构。

（2）异地临时经营活动。

（3）注册验资。

四、专用存款账户

专用存款账户是存款人按照法律、行政法规和规章，对其特定用途资金进行专项管理和使用而开立的银行结算账户。

对下列资金的管理与使用，存款人可以申请开立专用存款账户：（1）基本建设资金；（2）更新改造资金；（3）财政预算外资金；（4）粮、棉、油收购资金；（5）证券交易结算资金；（6）期货交易保证金；（7）信托基金；（8）金融机构存放同业资金；（9）政策性房地产开发资金；（10）单位银行卡备用金；（11）住房基金；（12）社会保障基金；（13）收入汇缴资金和业务支出资金；（14）党、团、工会设在单位的组织机构经费；（15）其他需要专项管理和使用的资金。

收入汇缴资金和业务支出资金，是指基本存款账户存款人附属的非独立核算单位或派出机构发生的收入和支出的资金。

因收入汇缴资金和业务支出资金开立的专用存款账户，应使用隶属单位的名称。

第二节　银行账户的管理

一、银行账户的管理原则

（一）一个基本账户原则

一个存款人有且只能开立一个基本存款账户，由中国人民银行核发开立账户许可证。

（二）自愿选择原则

存款人在开立账户时可以进行自主选择，其他个人或单位不得强制干预存款人开立账户。

（三）存款保密原则

银行工作人员应对存款人的银行账户情况实施保密，保障其自主支配权。除国家法律规定和国务院授权中国人民银行总行的监督项目外，银行不得代替任何单位或个人对存款人的账户进行查询、冻结、扣款。

二、银行账户的使用规定

（1）遵守国家政策、法规等关于现金、结算、信贷管理等方面的规定。

（2）如银行按照规定对某单位的账户进行检查时，各单位应予以配合，提供相关资料。

（3）各单位开立的银行账户不得出借、出租或转让，只能由本单位使用。

（4）对于款项的来源及用途，应如实填写至各种收支凭证中，不得弄虚作假、套取现金。

（5）各单位不得签发空头支票，银行的账户中必须有足够的资金用于支付结算。

（6）及时、完整、准确记载并定期核对往来账务，如发现其中存在出入，应尽快查明原因并予以调整。

（7）一般存款人只能开立一个基本存款账户。以下条件的存款人可以根据资金性质和管理需求开立另一个基本存款账户：

①管理财政预算资金和预算外资金的财政部门。

②实行财政预算管理的行政机关、事业单位。

③县级（含）以上军队、武警单位。

（8）如存款人的账户名称需要改变时，应先撤销原名称账户，再开立新账户。

（9）如存款人开立的账户需要撤销，必须先将金额与开户银行核对清楚，核对无误后经开户银行对其他业务审批同意后，方可办理销户手续。为保证资金安全，销户时应交回各种重要空白凭证和开户许可证。

（10）存款人的基本存款账户办理销户后，可以在另一家银行开立新的基本存款账户。

（11）如银行账户一年未发生任何收付业务，开户银行应通知存款人办理撤销账户手续。存款人应自接到通知之日的30日内前往银行办理，否则，将视为自愿销户。

第三节　向银行取得借款的账务处理

一、向银行取得短期借款

短期借款是指公司向银行或其他金融机构等借入的期限在1年以下（含1年）的各种款项。短期借款一般是公司为了满足正常生产经营所需的资金或者抵偿某项债务而借入的，属于短期负债。

（1）借入时的会计处理如下。

借：银行存款

　　贷：短期借款

（2）计提利息时的会计处理如下。

借：财务费用

　　贷：应付利息

（3）归还短期借款时的会计处理如下。

借：短期借款

　　应付利息（财务费用）

　　贷：银行存款

例6-1：光明公司向银行借入资金3 500 000元用于生产经营，借款期限为3个月，年利率为6%，到期一次还本付息，利息按月计提。

（1）借入款项时的会计处理如下。

借：银行存款　　3 500 000

　　贷：短期借款　　3 500 000

（2）按月计提利息时的会计处理如下。

借：财务费用　　17 500（3 500 000×6%÷12）

　　贷：应付利息　　17 500

（3）到期偿还本息时的会计处理如下。

借：短期借款　　3 500 000

　　应付利息　　35 000

　　财务费用　　17 500

　　贷：银行存款　　3 552 500

注意：这里前两个月的利息已经在计提利息分录的贷方形成应付利息，最后一个月的利息当月确认为财务费用。

二、向银行取得长期借款

长期借款是指公司向银行或其他金融机构借入的期限在1年以上的款项。为了总括反映长期借款的增减变动等情况，公司应设置“长期借款”科目。取得长期借款应记入该科目贷方，偿还长期借款则记入该科目借方。按照权责发生制原则，公司应分期确认长期借款的利息。公司取得的长期借款通常是到期一次支付利息的，因而应付未付的借款利息与本金一样，属于长期负债，应贷记“长期借款”科目。确认的利息费用则应根据借款的用途等情况，确定应予费用化还是资本化，分别借记“财务费用”或“在建工程”等科目。

（1）公司借入长期借款时的会计处理如下。

借：银行存款

　　贷：长期借款

（2）资产负债表日计提利息时的会计处理如下。

借：财务费用等（满足资本化条件的，记入“在建工程”科目）

　　贷：长期借款（分期付息，到期还本）

（3）归还长期借款时的会计处理如下。

借：长期借款

　　贷：银行存款

例6-2：光明公司从银行取得长期借款300 000元用于公司的经营周转，期限为3年，年利率为10%，按复利计息，每年计息一次，到期一次偿还本息。借入款项已存入开户银行。由于该项长期借款用于公司的经营周转，因而按期确认的借款利息应当费用化，计入财务费用。

（1）取得借款时的会计处理如下。

借：银行存款　　300 000

　　贷：长期借款　　300 000

（2）第1年年末计息时的会计处理如下。

第一年利息=300 000×10%=30 000（元）

借：财务费用　　30 000

　　贷：长期借款　　30 000

（3）第2年年末计息时的会计处理如下。

第二年利息=（300 000+30 000）×10%=33 000（元）

借：财务费用　　33 000

　　贷：长期借款　　33 000

（4）第3年年末计息时的会计处理如下。

第三年利息=（300 000+30 000+33 000）×10%=36 300（元）

借：财务费用　　36 300

　　贷：长期借款　　36 300

（5）到期偿还本息时的会计处理如下。

借：长期借款　　399 300

　　贷：银行存款　　399 300

第四节　网上银行业务的办理流程

一、激活网上银行

在银行柜台开通网上银行业务后，首先设置网上银行登录密码、U盾支付密码，登录网上银行，然后下载安全组件、网上银行证书、U盾驱动程序，激活网上银行，完成激活后对转账操作员进行权限设置，设置完毕就能正常使用U盾进行转账了。

二、付款转账

（1）登录网上银行后，单击“转账汇款”，同行的选择“同行转账”，跨行的选择“跨行转账”。

（2）选择付款账户，输入收款人姓名、账户、转账金额，跨行转账时还需输入收款人账户的开户行（所属行别、开户行所在地区）。输入后仔细核对，必要时填写备注。

（3）确认无误后，单击“确定”按钮，输入密码，完成录入。如U盾只有一个，录入完毕后即完成支付；如U盾为两个，还需复核人持另一个U盾进行复核，同样在“转账汇款”中选择“待办事项”，核对无误后单击“确定”按钮，输入密码，复核完毕后即完成支付。

第七章

出纳的工资发放业务

第一节　工资核算规范

一、工资核算的内容

工资核算一般是核算企业职工的基本工资、奖金、津贴、年终加薪、加班工资等构成工资总额的部分以及企业发生的职工福利费、工会经费、职工教育经费、五险一金、个人所得税等需要按规定标准扣除的部分。

二、工资的形式

（一）计时工资

（1）概念：计时工资是根据职工的工作时长来计算工资报酬的一种方法。我国的计时工资大多按月计算发放，如果职工整月出勤，就按照全勤工资进行发放；如果职工有缺勤，就扣掉相应工时的工资，以此标准来计算职工的薪酬。

（2）计时工资的计算方法如下。

应扣事假、旷工工资=事假、旷工天数×日平均工资

其中，日平均工资=月标准工资÷21.75

应扣病假工资=病假天数×日平均工资×病假工资计算系数

例7-1：小张的月工资标准为2 300元，7月份应出勤23天，结果小张请事假1天，请病假1天，病假假设按照其工龄扣减标准为10%，那么7月份小张的工资为多少（不考虑其他因素）？

日平均工资：2 300 ÷ 21.75=105.75（元）

事假应扣除的工资为：1 × 105.75=105.75（元）

病假应扣除的工资为：1 × 105.75 × 10%=10.58（元）

所以，小张7月工资为：2 300 − 105.75 − 10.58=2 183.67（元）

（二）计件工资

计件工资是按照职工生产的符合标准的产品数量和事先约定的单件报酬的乘积计算工资的一种方式。

（三）定额工资

定额工资是指按照劳动定额完成的程度来支付劳动报酬的一种工资形式。

（四）浮动工资

浮动工资是指职工的工资与企业的经营状况有关，企业的经营状况好，职工的工资就会提高；企业的经营状况不好，职工的工资就会降低。

三、劳动法下的工资计算规则

（一）日工资、小时工资的计算

日工资=月工资收入 ÷ 月计薪天数

小时工资=月工资收入 ÷（月计薪天数 × 8）

其中，月计薪天数=（365−104）÷ 12=21.75（天）

（二）加班工资的计算

根据《中华人民共和国劳动法》的规定，企业要求职工延长工作时间的，企业需支付职工不低于工资的150%的工资报酬；休息日安排职工工作又不能安排补休的，企业需支付职工不低于工资的200%的工资报酬；法定休假日安排职工工作的，企业需支付职工不低于工资的300%的工资报酬。

（三）试用期人员工资的计算

根据《中华人民共和国劳动合同法》第二十条的规定，劳动者在试用期的工资不得低于本单位同样岗位工资的80%，或者不能低于劳动合同约定工资的80%，并且不能低于用人单位所在地的最低工资标准。因此，出纳人员在核算处于试用期的职工工资时要看好计算基数。

（四）最低工资的计算原则

根据《中华人民共和国劳动法》第四十八条、第四十九条的相关规定，用人单位支付劳动者的工资不得低于当地最低工资标准。在确定和调整最低工资标准时应考虑以下因素：第一，劳动者本人以及平均赡养人口的最低生活费用；第二，社会平均工资水平；第三，劳动生产率；第四，就业状况；第五，地区之间经济发展水平的差异。

四、工资业务处理流程

（一）考勤的处理

登记好员工的出勤数、请假时数、加班时数、是否迟到、是否早退的情况是每个月计算职工薪酬前应该做好的事情，因为考勤是计算职工薪酬的依据。

（二）工资花名册的制作

工资花名册为本次计算薪酬时应该发放工资的人员名单，一般会划分为单月在职职工花名册、离职人员花名册、转正人员花名册。

（1）在计算工资时，试用期人员与转正人员的工资标准不同的要进行调整。

（2）有工资标准变动的人员要重新维护新的工资标准。

（3）新入职的员工根据其入职时约定好的工资标准做好维护。

（三）薪资相关数据的收集

（1）收集绩效考核数据：绩效考核工作是计算绩效工资的基础，因此，相关部门应在每月计算工资前完成绩效考核工作。

（2）收集各类奖金、罚单的凭证：如优秀员工奖、员工满勤奖、部门奖惩通知单等凭证。

（四）社保、公积金调整表

如果存在本月已停缴社保、公积金的人员，就要将这些人员从以前的社保、公积金缴纳单中剔除，然后增加本月新增缴纳社保、公积金人员的缴费基数及缴费比例，变更本月缴费基数有变化的人员的缴费基数。

（五）工资发放流程

（1）提交考核信息：人力资源管理部门向财务部门提交员工的出勤、迟到早退、业绩及奖惩数据。

（2）汇总审批：人力资源管理部门或会计对信息进行汇总，编制工资表，并报给相关部门申请审批。

（3）核算工资：会计对工资数据进行核算。

（4）发放工资：相关数据审批合格后，出纳进行工资发放。

（5）填制记账凭证。

（6）登记现金日记账。

一般的工资支付流程如图7-1所示。

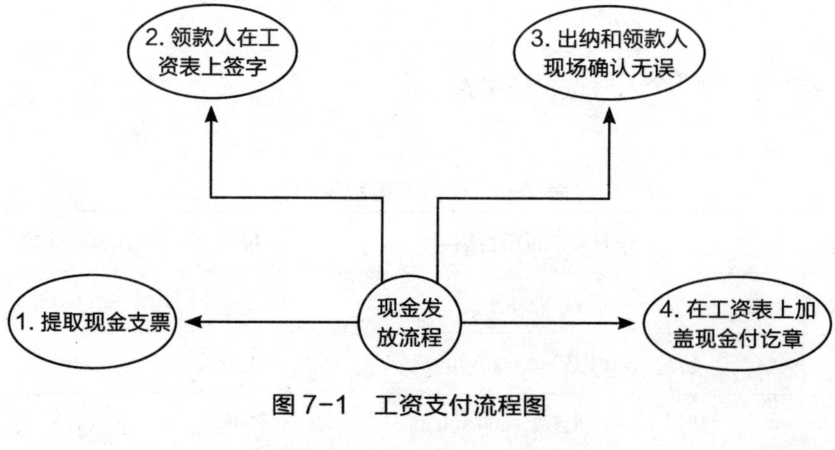

图 7-1　工资支付流程图

五、实发工资的确定

出纳核算工资的一个步骤就是计算工资总额：首先按照扣除比例计算五险一金的金额，然后把个人工资总额和五险一金的应扣额之间的差额作为基数计算个人所得税，最后核算出实发工资。具体计算方法如下：

工资总额=基本工资+各种补贴、津贴+加班工资+奖金

基本工资的计算：基本工资对新员工特别重要，在通常情况下每个公司都有新员工基本工资定级表。基本工资没有特别标准的发放计算方法，它的主观随意性比较大，一般由公司所在岗位的工作内容而定。在定基本工资时，一般会参考入职员工的以往工作经验和工作能力。基本工资不包括下列各项：

（1）职工的工资支付期限在一个月以上的劳动报酬，如年终奖、半年奖等。

（2）支付期限不确定的职工薪酬，如补贴、一次性的奖金等。

应纳税所得额=全年工资－60 000－五险一金－专项附加

应纳税额=应纳税所得额×税率－速算扣除数

表7-1所示是个人所得税税率表。

表 7-1　个人所得税税率表

级数	全月应纳税所得额	税率	速算扣除数
1	不超过 3000 元的	3%	0
2	超过 3000 元至 12 000 元的部分	10%	210
3	超过 12 000 元至 25 000 元的部分	20%	1410

续表

级数	全月应纳税所得额	税率	速算扣除数
4	超过 25 000 元至 35 000 元的部分	25%	2660
5	超过 35 000 元至 55 000 元的部分	30%	4410
6	超过 55 000 元至 80 000 元的部分	35%	7160
7	超过 80 000 元的部分	45%	15 160

实发工资=工资总额－五险一金应扣额－个人所得税应扣额

其中，工资总额包括基本工资、非现金收入、加班费、带薪假、奖金红利等。

例7-2：A公司的某员工5月份的税前工资为7000元，已知该公司的基本养老保险个人缴费比例为8%，基本医疗保险个人缴费比例为2%，失业保险个人缴费比例为0.2%，工伤保险和生育保险均为单位缴纳，住房公积金的个人缴纳比例为5%，那么该员工5月份的实发工资为多少？

该员工的五险一金应扣额为7000×（8%+2%+0.2%+5%）=1064（元）。

该员工应交个人所得税为（7000－1064－5000）×3%=28.08（元）。

因此，该员工本月实发工资为7000－1064－28.08=5 907.92（元）。

六、编制工资表

出纳应根据核算的相关数据，进行汇总，编制工资表。工资表为一式两份，一份作为记账联，另一份企业自己保存，以便税务机关检查时使用。工资表一般包含以下几部分：基本工资、交通补贴、餐补、话费补贴、加班工资、绩效奖金、请假扣除工资额、全勤奖金、工资总额、五险应扣额、住房公积金应扣额、个人所得税应扣额、实发工资等。

例如，某有限公司出纳根据员工提供的发票和银行代扣代缴凭单编制的员工工资表如表7-2所示。

表 7-2　员工工资表

单位：元　　　　　　　　　　　　　　　　　　　　202　年　月　日

序号	姓名	基本工资	交通补贴	餐补	话费补贴	加班工资	绩效奖金	全勤奖金	工资总额	五险应扣额	住房公积金应扣额	个人所得税应扣额	实发工资
1	张三	5500	300	300	120	4400	500	0	1 1120	674.5	600	274.55	10 845.45
2	李思	6200	200	300	120	5200	0	200	12 220	740.5	650	372.95	11 847.05
3	王武	3000	400	300	120	2200	500	0	6520	395.5	300	247.35	6 272.65
4	赵恺	1500	400	300	120	1200	0	200	3720	225.5	150	0	3 720
5	周琳	7000	100	300	120	6300	0	0	13 820	837.5	700	2184.75	11 635.25

第二节　审核工资单据

一、审核的内容

出纳发放工资的一个重要环节是审核工资单据。出纳应对每月从人力资源管理部门拿到的全体员工的考勤表、绩效考核表、员工奖惩单等单据进行审核。因人力资源管理部门负责人呈报核算资料不及时，导致工资核算流程受阻的，由人力资源管理部门负责人承担相关责任；如果及时送达，但是审核后发现错误，也要及时与人力资源管理部门进行沟通，如果审核无误则应该进行下一步的工作，即核算工资、发放工资等。

工资相关单据需审核的内容应包含以下几个方面：

（1）核对工资表中员工的人数，核对的内容是本月“计提工资表”中的员工人数与“职工薪资变动表”中的员工人数是否一致。

（2）将近两个月的应发工资进行比对，例如将上个月“计提工资表”中的姓名和应发工资与本月“预提工资表”中的相应内容进行比对，找出差异。找出差异后分析原因，然后进行备注，以便后续进行整理。

（3）核实本月员工工资配比是否正确。根据企业的相关核对办法核查员工的配比工资，但是需要注意本月无配比工资的员工人数。

（4）将上述工作做完之后，要检查Excel表中计算工资的各公式是否正确；检查完毕后，对各项数据进行计算；计算完毕后，抽查几项数据，看看计算结构是否正确。

二、审核的要求

发放工资对企业来说是一项非常重要的业务，而审核工资单据作为发放工资的前期准备工作也非常重要，因此，企业应该配备专业的人员进行工资单据的核算与审查。在审核工资单据时，相关人员要时刻牢记工资核算制度的规范，应当遵循以下要求：

（1）确保工资单据的真实性。因工资成本在企业整个成本费用中占据较大比例，因此加强工资单据核算业务的真实性对企业的发展至关重要。出纳应该意识到其中的利害关系，对人力资源管理部门提供的相关考勤、奖惩资料进行认真核对，在保证资料真实的情况下再进行核算。

（2）确保工资单据的准确性。工资的发放与企业的成本费用相关，也与员工的切身利益相关，如果在这个环节出现了错误，则会对员工造成负面影响。出纳应认真核对每个员工的信息和应发工资是否一一对应，保障员工的切身利益，因为保障员工的切身利益也能提高员工对企业的忠诚度，从而提高企业的效益。

（3）确保审核工资单据的及时性。出纳只有及时审核工资单据才不会造成工资的延发，只有及时发放工资才能增加员工对企业的信任度，树立企业的良好形象。因此，出纳应该在人力资源管理部门报送相关资料后立即进行工资单据审核，确保工资及时发放。

三、审核的目的与作用

工资单据是最能体现员工工资的凭证，审核工资单据是为了使出纳的工资发放业务减少错误、节约时间。出纳根据审核无误的工资单据计算员工的本月工资，不仅大大提高了工作效率，也使企业的薪酬福利分配制度得到了进一步的深化和完善。

四、审核的流程要点

审核工资单据的流程要点包括人员进出及标准、考勤情况及病事年假、奖励工资及社保费用，这些都是在计算工资时不可或缺的部分，因此，出纳在审核工资单据时要加强对这些内容的审核。

第三节　工资核算与发放的账务处理

一、发放工资的渠道

（一）现金发放

当使用现金发放工资时，只有在出纳审核后符合规定时，才能予以付款。当付款完成后，经手人员必须予以签字，以明确责任，表示该笔款项已经由相关职工领取，并且要加盖“现金付讫”戳记后才能编制记账凭证。

1. 现金发放前应审核的内容

（1）审核该笔现金支出是否有企业单位相关负责人、审批人、证明人的签字。

（2）审核票据是否真实，所付票据金额与所需付款金额是否相符。

2. 现金发放流程

（1）签发现金支票：仔细填写支票的相关内容是签发现金支票的重要一步，如款项用途、签发单位账号、取款金额、收款人名称（企业发放工资签发的支票是以自己为收款人的），同时加盖财务章。

（2）取款并清点。

（3）确认无误后，将现金发放给职工。

现金工资的发放流程如图7-2所示。

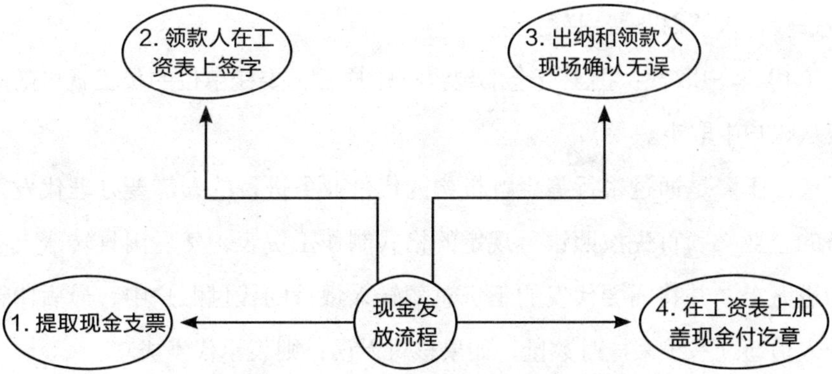

图 7-2　现金工资的发放流程

（二）银行代发

1. 概念

银行代发工资是指由一些具有专业性质的金融组织帮助相关企业、事业、行政单位发放工资等款项的业务。

2. 流程

银行代发工资的流程如图7-3所示。

图 7-3　银行代发工资的流程

（1）签订协议：企业与开户银行签订一份代发工资协议书，在此份协议书中要标明双方的责任与义务，避免以后出现问题时发生纠纷。

（2）划转款项：发放工资时，委托单位按照协议约定时间将代发工资资金足额划转到委托单位在开户行开立的指定账户，并向开户行提供书面代发工资明细清单。

（3）履约发放：开户银行按照此前与企业签订的协议书以及代发工资清单将工资足额转入每位员工个人账户，并向企业收取手续费。银行收取的手续费一般计入“财务费用”。

（4）客户取款：指工资全部到银行账户后，委托单位的员工就可随时将工资从账户中取走。

代发工资是通过银行等金融机构的代付业务进行的，需要办理代发工资业务的企业必须首先按照银行规定的格式制作工资表，然后出具转账支票，填写进账单，并将需要代发的工资总额转入银行的代付账户中，最后由银行工作人员通过系统来核对数量，如果核对无误，则表示代发成功。

3. 办理代发工资需要提供的资料

（1）若是首次代发，则代发单位需与代发银行签订代发工资协议，明确代发方式、代发内容、手续费、双方责任、权利等，并在协议中明确由代发单位负责审查代发人员证件的真实性，同时向代发银行提供要代发工资人员名册，包括姓名、身份证件号码、代发金额等。另外，代发单位还应指定专人负责此项工作，并开具单位介绍信及提供本人身份证件。

（2）代发银行根据代发单位提供的名册，为其开立个人账户（银行卡或存折）。

（3）以后每次有员工增加时仅需提供代发清册及电子文档，并将代发款项以现金或转账方式提交代发银行即可。

4. 代发工资的银行存款账户

企业代发工资的银行存款账户是基本存款账户，这个账户主要是为企业办理日常转账结算和库存现金收付业务的。企业生产经营活动中的业务收入、员工工资和奖金的支付，与合作企业往来款项的结算以及库存现金的支取都通过这个账户。企业在每月代发工资前应保证该账户的余额充足，避免因余额不足导致工资发放失败。

5. 银行代发的优点

（1）安全性较好：如果使用现金发放，那么在每月月末发放工资的时候，企业都需要提前派出纳等财务人员去往银行提取现金，这样就会存在很大风险。对于员工来说，企业使用现金的方式发放工资，员工需要自行前往银行存款，这也存在着一定的风险。所以，通过银行代发工资，就会减少出纳等财务人员及员工去银行取款、存款的风险，同时也减少了很多不必要的手续。

（2）准确性较高：根据银行的要求，企业需将每月的工资表电子版按时提交给银行，由银行直接按照工资表中的数据将工资逐个发放到员工的个人账户中，大大降低了由于现金形式发放所产生的错误概率。

（3）节约公司的资源：如果使用现金发放工资，那么每月月末都需要财务人员去银行提取现金；如果采用银行代发形式，则能很好地提升财务人员的工作效率。另外，如果使用现金发放工资，那么一般来说都需要信封包装现金，这样累积下来也会造成资源的浪费、成本的增加；如果采用银行代发形式，就不需要考虑这一部分的成本，从而节约了公司的资源。

二、相关账务处理

一般来讲，企业发放工资要通过“应付职工薪酬”会计科目核算，在“应付职工薪酬”科目下可以设“工资”“福利费”“工会经费”“社保费”“住房公积金”等二级科目。

（一）计提工资

借：管理费用——工资

　　销售费用——工资

　　制造费用——工资

　　贷：应付职工薪酬——工资

（二）计提企业承担的五险一金

借：管理费用

　　销售费用

　　制造费用

贷：应付职工薪酬——养老保险

——医疗保险

——住房公积金

（三）发放工资时

借：应付职工薪酬——工资

贷：库存现金/银行存款

其他应付款——养老/医疗保险等（个人承担的部分）

其他应付款——住房公积金（个人承担的部分）

应交税费——应交个人所得税（代扣代缴金额）

（四）实际缴纳个税及社保、公积金

借：其他应付款——养老/医疗保险等（个人承担的部分）

——住房公积金（个人承担的部分）

应付职工薪酬——养老/医疗保险等（公司承担的部分）

——住房公积金（公司承担的部分）

应交税费——应交个人所得税

贷：银行存款

第八章

出纳的外汇结算业务

第一节 外汇账户的管理

外汇结算业务属于政策性很强的工作，出纳应了解并做到熟悉外汇管理制度，掌握外汇账务的处理办法，做好外汇账户的维护。

一、什么是外汇

（一）外汇的定义

外汇与人们常说的外币其实并不等同。外汇是国际汇兑的简称，它是指以外国货币表示的，被世界各国所承认的，用于国际上债权债务结算的支付手段，其主要包括信用票据、外币支付凭证、外币有价证券。

外汇具有动态和静态两方面的含义，其动态含义是指人们将几种货币之间来回兑换，用于偿还国与国之间的债权债务关系的行为；静态含义是指以外币表示的可用于对外支付的金融资产。

（二）外汇的分类

外汇按是否可以自由兑换分为自由外汇和记账外汇；按外汇的来源和用途分为贸易外汇和非贸易外汇；按外汇管理的不同要求分为居民外汇和非居民外汇。

（三）外汇的特点

（1）外汇必须用外国货币来表示。

（2）外汇必须是可以自由兑换的货币。

（3）外汇在国外必须能得到偿付。

（四）外汇结算的分类

（1）国际贸易结算：指国内企业事业单位与国外相关组织和个人之间在商品进出口业务中所发生的债权债务关系的结算业务。

（2）国际非贸易结算：指国家公司、机构、机关组织、部队和其他等未从事商品贸易（如出口商品）的单位的经济、文化和政治交流活动（如劳工、国际旅游、技术转让、外籍人士的捐款等）中所发生的债权人的权利和债务的结算活动。

（3）国际金融结算：指国内公司、国家机构在从事国际金融交易活动（如对外投资、外汇买卖等）中所发生的结算业务。

（五）外汇业务的核算原则

根据《企业会计制度》的规定，外汇业务的核算原则如表8-1所示。

表8-1　外汇业务的核算原则

核算原则	说　明
外币账户采用双币记账	反映外币业务时，在将外币折算为记账本位币入账的同时，还要在账簿上用业务发生的成交货币（原币）记账，以真实反映一笔外汇业务的实际情况
外币核算采用折算入账	企业发生外币业务时，应当将有关外币金额折合成记账本位币金额记账；除另有规定外，所有与外币有关的账户，均应当采用发生时的汇率，也可以采用业务发生当期期初的汇率
汇兑损益的账务处理	企业因向外汇制定银行结算或者购入外汇时，应按银行买入价或卖出价与市场汇率产生的差额作为汇兑损益（一般计入当期损益）
外币账户月末余额的账务处理	企业对各外币账户的期末余额要以期末市场汇率折合为记账本位币的金额，以如实反映该外币按月末汇率折算为记账本位币后的实际期末余额，并将折算的期末余额与原记账本位币的差额记入该账户和汇兑损益账户
外币分账制的账务处理	对于经营多种货币信贷或融资租赁业务的企业，也可以根据业务的需要采用分账制。即企业对外币业务在日常核算时按照外币原币进行记账，分别对不同的外币币种核算其所实现的损益，编制各种货币中的出纳报表，并在资产负债表中一次性地将各外币报表折算为以记账本位币表示的会计报表，据以编制企业的汇总会计报表

（六）外汇的风险

1. 交易风险

交易风险是指在协商以外币进行交易的过程中，由于结算时的汇率与签订合同时的汇率之间的差异而导致的损益风险。交易风险包括以下几点：

（1）在商品或劳务的进出口中由于货物的到达与款项的支付之间的时间差导致外汇汇率变化所带来的风险。

（2）以外币计价的国际信用活动，在应收账款和应付账款结算前存在的货币汇率风险。

（3）即将执行的远期外汇合约，商定汇率和应付即期汇率变动所带来的风险。

（4）外部融资中的货币风险。如果必须将一种外币兑换为另一种外币，则筹款活动将承担借入的货币与所使用的货币之间汇率变动所带来的风险。

2. 经济风险

经济风险是指由于汇率的不确定而致使公司的产品成本和销售价格发生改变，从而导致公司未来经营利润的不确定性。

3. 储备风险

储备风险是指作为储备资产的汇率由于汇率变动而贬值或增值的可能性。无论是个体还是机关团体，只要持有外汇资产就会面临储备风险，一个国家的外汇储备可能会因汇率变动而遭受损失。同样，汇率的变化也可能会降低公司外汇储备资产的实际价值。

二、什么是外汇账户

（一）外汇账户的定义

根据《境内外汇账户管理规定》，外汇账户是指境内机构、驻华机构、个人及来华人员以可自由兑换货币在开户金融机构开立的账户。

（二）外汇账户的分类

1. 按外汇账户的性质划分

（1）经常外汇项目账户：此类账户的收入来自贸易、服务和其他活动的收支。

开立条件：根据《境内外汇账户管理规定》第六条，下列经常项目外汇，可以开立外汇账户保留外汇。

①经营境外承包工程、向境外提供劳务、技术合作的境内机构，在其业务项目进行过程中发生的业务往来外汇。

②从事代理对外或者境外业务的境内机构代收代付的外汇。

③境内机构暂收待付或者暂收待结项下的外汇，包括境外汇入的投标保证金、履约保证金、先收后支的转口贸易收汇、邮电部门办理国际汇兑业务的外汇汇兑款、铁路部门办理境外保价运输业务收取的外汇、海关收取的外汇保证金、抵押金等。

④经交通运输部批准从事国际海洋运输业务的远洋运输公司，经外经贸部批准从事国际货运的外运公司和租船公司的业务往来外汇。

⑤保险机构受理外汇保险、需向境外分保以及尚未结算的保费。

⑥根据协议规定需用于境外支付的境外捐赠、资助或者援助的外汇。

⑦免税品公司经营免税品业务收入的外汇。

⑧有进出口经营权的企业从事大型机电产品出口项目，该项目总金额和执行期达到规定标准的，或者国际招标项目过程中收到的预付款及进度款。

⑨国际旅行社收取的、国外旅游机构预付的、在外汇局核定保留比例内的外汇。

⑩外商投资企业在外汇局核定的最高金额以内的经常项目项下外汇。

⑪境内机构用于偿付境内外外汇债务利息及费用的外汇。

⑫驻华机构由境外汇入的外汇经费。

⑬个人及来华人员经常项目项下收入的外汇。

⑭境内机构经外汇局批准允许保留的经常项目项下的其他外汇。

（2）资本外汇项目账户：此类账户的收入来自资本账户，如外商投资企业的资本账户和特殊外债账户。

开立条件：根据《境内外汇账户管理规定》第二十条，具有下列业务的资本项目外汇可以开立外汇账户。

①境内机构借用的外债、外债转贷款和境内中资金融机构的外汇贷款。

②境内机构用于偿付境内外外汇债务本金的外汇。

③境内机构发行股票收入的外汇。

④外商投资企业中外投资方以外汇投入的资本金。

⑤境外法人或者自然人为筹建外商投资企业汇入的外汇。

⑥境内机构资产存量变现取得的外汇。

⑦境外法人或者自然人在境内买卖B股的外汇。

⑧经外汇局批准的其他资本项目下的外汇。

2. 按外汇账户的功能划分

（1）外汇结算账户：指企业为方便结算外币业务在其代理结算银行开立的账户，此类账户大多为外贸公司开设。

（2）专项账户：指用于特定项目的收支的账户，如境外捐助账户、临时账户。

3. 按资金形态划分

（1）现汇账户：指把从境外汇入的外汇或者从境外带进的外汇票据进行转存的账户。

（2）现钞账户：指可以把存款人持有的可自由兑换的外币现钞进行存入的账户。

三、外汇账户的开设、撤销和变更

（一）外汇账户的开设及开户要求

（1）外汇账户的开设：根据《境内外汇管理规定》第三十六条，境内机构、驻华机构应当向注册地外汇局申请开户。需要在境内其他地区开立外汇账户的，按照以下规定办理。

①外商投资企业应当向注册地外汇局提出申请，凭注册地外汇局核发的“开户通知书”到开户地外汇局备案，经开户地外汇局审核并加盖戳记后，到开户金融机构办理手续。

②其他境内机构按照本规定开立的经常项目外汇账户，凭注册地外汇局的批准文件及有关材料向开户地外汇局申请，由开户地外汇局核发《开立外汇账户批准书》及《外汇账户使用证》。

③其他境内机构按照本规定开立的资本项目外汇账户，凭注册地外汇局核发的“开户通知书”到开户地外汇局备案，经开户地外汇局审核并加盖戳记后，到开户金融机构开立外汇账户。

④驻华机构应当分别向注册地和开户地外汇局领取《驻华机构外汇账户备案表》。

（2）开户要求：要符合国家外汇管理局的以下规定。

①凡符合《境内外汇账户管理规定》的境内机构、驻华机构（以下简称开户单位）均可开设外汇账户。

②开户单位在申请开户时，可根据本单位的实际情况自行选择开户银行，但是开户银行必须是批准经营外汇业务的总行或者其分行。

③开户单位应按照国家外汇管理局的要求，经批准开立外汇账户后的30个工作日内凭《开立外汇账户批准书》到开户银行办理开户手续。开户银行应填写《开立外汇账户批准书》的回执联并退回开户单位，开户单位须于开户后5个工作日内持回执到国家外汇管理局领取《外汇账户使用证》。

④同一性质的外汇账户，一个开户单位原则上只允许开立一个。

⑤开户单位如丢失《开立外汇账户批准书》或者《外汇账户使用证》，必须登报声明作废，并持登报声明及补办申请到国家外汇管理局办理补办手续。

（二）外汇账户的撤销

根据《境内外汇账户管理规定》第四十一条的相关规定，外汇账户使用期或者由于其他原因需要撤销该外汇账户的，国家外汇管理局按照规定对开户银行和开户单位下达《撤销外汇账户通知书》，并对该账户余额作出明确处理，限期办理撤户手续。

根据《境内外汇账户管理规定》第三十八条："境内机构、驻华机构如需关闭外汇账户，应当在办理清户手续后10个工作日内将开户金融机构关闭账户的证明及《外汇账户使用证》、外债登记凭证、《外商投资企业外汇登记证》或者《驻华机构外汇账户备案表》送交外汇局，办理关闭账户手续。境内机构关闭外汇账户后，其外汇账户余额属于外商投资者所有的或者经批准可以保留的，可以转移或者汇出；其余外汇应当全部结汇。驻华机构关闭外汇账户后，其外汇账户余额可以转移或者汇出。"

（三）外汇账户的变更

开户单位由于各种原因需要变更外汇账户的有关内容，应该按照程序持有关资料向开户银行提出变更申请，经银行审查同意后办理变更手续。

根据《境内外汇账户管理规定》第三十七条："境内机构、驻华机构如需变更《外汇账户使用证》、《外商投资企业外汇登记证》或者《驻华机构外汇账户备案表》'开户通知书'中外汇账户相关内容的，应当持有关材料向外汇局提出申请，办理变更手续。"

第二节　汇款结算业务规范与流程

一、汇款的概念和当事人

（一）汇款的概念和步骤

1. 汇款的概念

汇款是指付款人把应付款转到往来银行，由银行通过邮寄的方式把款项支付给收款人（而不是自己将款项发送给收款人）的一种国际结算方式。银行在了解付款人的想法之后，将款项划到账户中，然后通知收款银行把款项交付给债权人。

2. 汇款的步骤

（1）汇款人需到银行柜台领取汇款单，并将汇款单的内容填写完整。

（2）在填好汇款单后，汇款人需将汇款单和本人身份证以及汇款金额交给银行业务员办理业务。

（二）汇款业务中的当事人及其之间的关系

1. 汇款业务中的当事人

在汇款业务中一般有4个当事人，分别为汇款人、汇出行、汇入行、收款人。

2. 汇款当事人之间的关系

（1）汇款人与收款人之间的关系：在商业汇款中，由于商品的销售，两者之间的关系表现为债权人的权利与债务之间的关系；在非商业性汇款中，两者之间的关系体现在提供与接受关系中。

（2）汇款人与汇出行之间的关系：是委托与被委托的关系。在汇款业务中，汇款人委托银行等金融机构汇出款项。汇款人需要填写汇款申请书，作为双方权利与义务的凭证。

（3）汇出行和汇入行之间的关系：既有代理关系又有委托与被委托关系。一般来说，在汇款业务发生前，汇出行和汇入行会签订有代理业务的合约或者是账户往来关系，在代理合约规定范围内，两行承担各自的职责。

（4）收款人与汇入行之间的关系：是账户往来关系。

二、汇款结算的概念与分类

（一）汇款结算的概念

汇款结算是指允许债权人和债务人通过外汇交易结算债权和债务并在银行之间转移资金的一种结算方法。

（二）汇款结算的分类

（1）顺汇：又称为汇付，是指债务人自愿将应付账款的款项交给本国银行，委托其使用某种结算工具将款项转移给外国债权人。这种方式是进行国际资金转移的常用方法，其资金流向与结算工具的流向相同。顺汇的支付方式一般包括电汇、信汇和票汇。

（2）逆汇：也称为出票法，是指外汇结算方法，在这种方法中，债权人开具发票，并将其从国外的债务人或付款人处收取的款项托付给银行或其代理银行。其特征是资金流出的方向与发票的交付方向相反。信用证、托收结算方式的收汇均属于逆汇。

三、汇款结算方式

（一）电汇

1. 电汇的流程

（1）汇款人填写电汇申请书，并向汇出行付款。

（2）汇出行向汇款人出具电汇回执。

（3）汇出行拍发电传、电报或SWIFT（即环球同业银行金融电讯协会）

代码给汇入行。

（4）汇入行在核对密押后将电汇通知书送达收款人。

（5）收款人在收款收据上盖章，并将其交给汇人行。

（6）汇入行借记汇出行账户并解付汇款给收款人。

（7）汇入行将付讫借记通知书寄给汇出行。

电汇流程如图8-1所示。

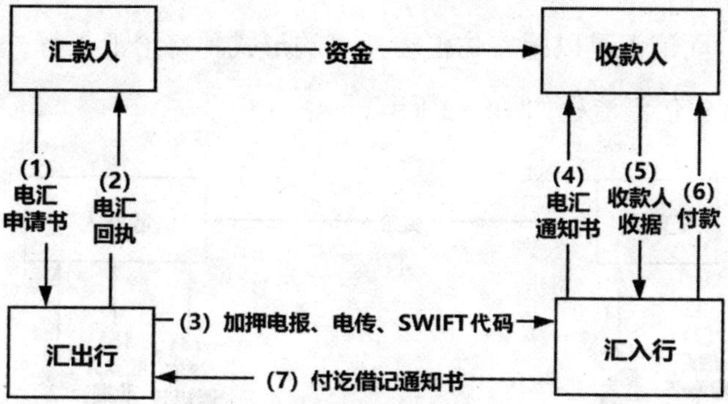

图 8-1　电汇流程

2. **电汇凭证的填写**

（1）汇款人需要填写的信息。

①全称：填写本单位公章上刻制的全称。

②账号：填写本单位开户银行的账号。

③汇出行地点：填写本单位开户银行所在区县级行政区划的名称。

④汇出行名称：填写本单位开户银行的名称。

（2）收款人需要填写的信息。

①全称：填写收款单位公章上刻制的全称。

②账号：填写收款单位开户银行的账号。

③汇入行地点：填写收款单位开户银行所在区县级行政区划的名称。

④汇入行名称：填写收款单位开户银行的名称。

（3）其他需要填写的信息。

①日期：填写办理电汇当天的日期。

②金额：填写实际汇出的金额，大写金额在左侧，小写金额在右侧。

③支付密码：按银行要求执行，一般不需要填写。

④附加信息及用途：按银行要求执行，一般不需要填写。

（二）信汇

信汇的流程和电汇的流程大致是相同的，所不同的是电汇通过电报或电传处理业务，而信汇是以邮寄信汇委托书的形式邮寄给汇入行，委托汇入行解付给收款人。信汇流程如图8-2所示。

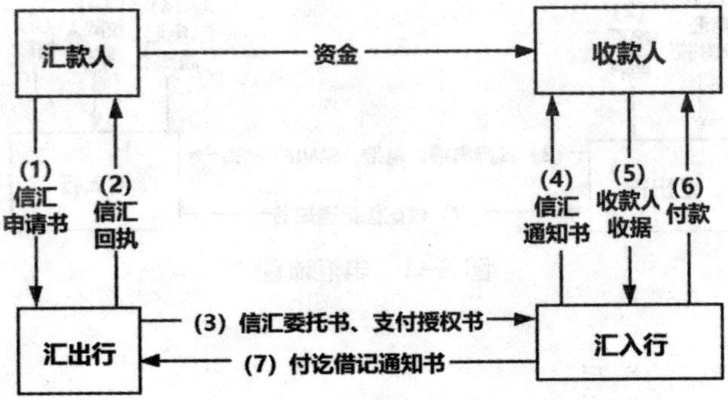

图 8-2　信汇流程

（三）票汇

1. 票汇的含义

票汇是一种付款方式，在这种方式中，汇款人的代理银行代表汇款人向收款人开立汇票，并根据付款人的要求向收款人支付一定金额。

2. 票汇的流程

（1）汇款人填写票汇申请书，并将款项汇至汇出行。

（2）汇出行向汇款人开具银行即期汇票。

（3）汇款人将汇票邮寄给收款人或将汇票带出国。

（4）汇出行签发汇票后，将汇款通知书邮寄给国外代理行。

（5）收款人持汇票向汇入行取款。

（6）一旦汇入行确认汇票和存根正确，就会将付款结清给收款人。

（7）汇入行把付讫借记通知书邮寄给汇出行。

（8）如果在汇出行和汇入行之间没有直接的账户关系，则还需要清算头寸。

票汇流程如图8-3所示。

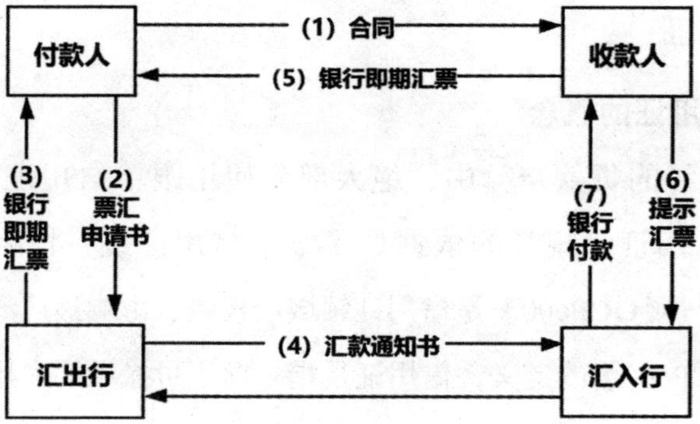

图8-3　票汇流程

3. 汇票的必要记载事项

（1）标明“汇票”字样，用来区别本票、支票。

（2）当汇票的出票地点和出票日期出现冲突时，一般按照出票地点的法律来执行，出票日期的标注是用来计算到期日的。

（3）付款期限，包括即期付款、见票后定期付款、出票后定期付款和延期付款。

（4）货币金额，在汇票上要同时写明大写和小写金额，如遇到大小写金额不一致的情况，一律以大写金额为准。

（5）无条件支付令，在汇票上不能有任何限制支付条件或者附带条件。

（6）收款人。

（7）付款人和付款地点，便于持票人提示承兑或者提示付款。

（8）出票人及签名。

第三节　信用证结算业务规范与流程

一、信用证

（一）信用证的概念

在国际贸易的货款结算中，绝大部分使用跟单信用证，本节所称信用证指跟单信用证，规范的依据是《跟单信用证统一惯例》（以下简称《UCP600》）。《UCP600》是信用证领域最权威、影响最广泛的国际商业惯例。根据《UCP600》的定义，信用证是指一项不可撤销的安排，无论其名称或描述如何，该项安排构成开证行对相符交单予以承付的确定承诺。

（二）信用证业务中的当事人

（1）申请人：指要求开立信用证的一方（通常是进口人，也就是买卖合同中的买方）。

（2）受益人：指接受信用证并享受其利益的一方。

（3）开证行：指应申请人要求或者代表自己开出信用证的银行（一般是进口地银行）。

（4）通知行：应开证行的要求向受益人通知信用证的银行。

（5）交单人：指实施交单行为的受益人、银行或其他人。

（6）指定银行：指信用证可在其处兑用的银行。如果信用证可在任一银行兑用，则任何银行均为指定银行。

（7）保兑行：指根据开证行的授权或要求对信用证加具保兑，在开证行承诺之外作出承付或议付相符交单的确定承诺的银行。

（三）信用证的种类

（1）如果信用证为即期付款信用证，则即期付款。

（2）如果信用证为延期付款信用证，则承诺延期付款并在承诺到期日付款。

（3）如果信用证为承兑信用证，则承兑受益人开出的汇票并在汇票到期日付款。

（4）如果信用证为议付信用证，则是指开证行在信用证中邀请其他银行买入汇票及/或单据，即允许受益人向某一指定银行或任何银行交单议付的信用证（议付信用证一般都注明“议付兑现”字样）。

二、信用证支付方式的优点

（1）便利支付。跟单信用证业务有独立信用支持和明确支付承诺，不需要实际支付现金，因此降低了企业跨国贸易的经营风险。

（2）法律保护。跟单信用证遵循了国际惯例，得到众多法律法规的支持。

（3）保证文件的专门审查。信用证所要求的文件在提示时必须符合跟单信用证的各项条件及《UCP600》的规定；买方确信只有在符合跟单信用证的各项条件和《UCP600》的规定时，才会将货款付给卖方。

三、信用证结算流程

（一）《UCP600》对信用证结算流程的规定

根据《UCP600》第六条的规定，信用证结算应注意以下事项。

（1）信用证必须规定可在其处兑用的银行，或是否可在任一银行兑用。规定在指定解行兑用的信用证同时也可以在开证行兑用。

（2）信用证必须规定其是以即期付款、延期付款、承兑还是议付的方式兑用。

（3）信用证不得开成凭以申请人为付款人的汇票兑用。

（4）信用证必须规定一个交单的截止日。规定的承付或议付的截止日将被视为交单的截止日。

（5）可在其处兑用信用证的银行所在地即为交单地点。可在任一银行兑用的信用证，其交单地点为任一银行所在地。除规定的交单地点外，开证行所在地也是交单地点。

（6）除非如第二十九条规定的情形，否则受益人或者代表受益人的交单应在截止日当天或之前完成。

（二）信用证的具体结算流程

（1）买方、卖方订立销售合同，在合同中规定使用跟单信用证支付。

（2）买方（申请人）按照销售合同制作开证申请书，通知当地银行（开证行）开立以卖方为受益人的信用证。

（3）开证行开立信用证，要求位于受益人所在国家的银行（通知行）通知或保兑信用证。

（4）通知行通知受益人（卖方）信用证已开立。

（5）受益人（卖方）审证发货并制作单据。

（6）受益人（卖方）将要求的单据提交指定银行（可能是开证行，或是信用证内指定的付款、承兑或议付银行）。

（7）该银行按照信用证审核单据。如单据符合信用证规定，银行将按信用证规定进行支付、承兑或议付。

（8）开证行以外的银行寄单给开证行要求开证行偿付。

（9）开证行收到单据，在最多5个银行工作日内审单完毕。开证行确定单证相符后，以事先约定的形式，对已按照信用证付款、承兑或议付的银行进行偿付（如果信用证另有偿付行，那么开证行不办理偿付，而只接受单据）。

（10）开证行按照它与申请人预先订立的偿付协议交单给申请人。

（11）申请人按照预先订立的协议，偿付单据款项给开证行。

（12）申请人把运输单据提交当地承运人或其代理人，提取货物。

信用证结算流程如图8-4所示。

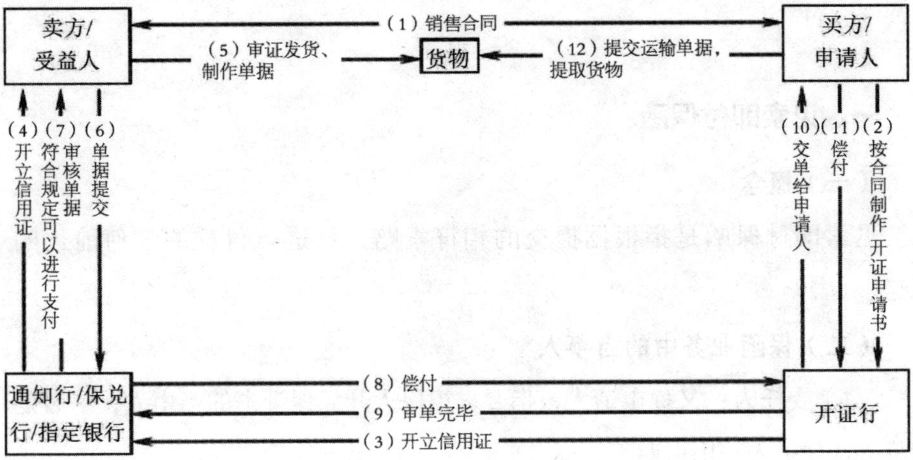

图 8-4 信用证结算流程

第四节　见索即付保函业务规范与流程

一、见索即付保函

（一）概念

见索即付保函是指根据提交的相符索赔条款进行付款的任何前述的承诺。

（二）保函业务中的当事人

（1）委托人：又称申请人，指要求担保人开立保证书的当事人，一般是投标人、债务人、出口商等。

（2）受益人：指收到保函并据此向担保人索取款项的当事人，一般为招标人、债权人、进口商。

（3）担保人：指出具保函并在保函中作出承诺的当事人。担保人一般为银行，也可能是保险公司、担保公司以及其他单位和个人。

（三）保函的开立与生效

（1）保函一旦脱离担保人的控制即为开立。

（2）保函一旦开立不可撤销，即使保函中未标注其不可撤销。

（3）受益人有权自保函开立之日或者保函约定的开立之后的其他日期或事件之日起提交索赔。

（四）保函的内容

（1）委托人、受益人和担保人的完整名称和地址。

（2）需要开立保函的交易内容与背景。

（3）应付最高金额及保函币种。

（4）保函失效日期。

（5）索赔条款。

（6）保函金额递减的任何规定。

二、保函业务流程

首先，申请人向银行提交《保函及贷款承诺申请书》。此外，企业还需依照银行的规定提供下列材料。

（1）营业执照副本、组织机构代码证副本、税务登记证副本和法定代表人证明文件等。

（2）对外担保主合同、协议或者招标书以及有关交易的一般信息。

（3）担保事项必须按照有关部门的规定预先批准，并且批准的文件必须提供给银行。

（4）经会计师事务所审计通过的近两年的财务报表和当期财务报表。

（5）证明反担保措施的文件。

其次，银行核实公司提交的文件的真实性，了解借款人的信誉和合同的履行情况，为申请人进行信用评分并给予答复。

再次，审批合格后，签订《保函协议书》或者《贷款承诺协议书》，申请人存入相应比例的保证金，办理抵押或反担保手续，银行将发出保函或贷款承诺书，资金管理人拿到保函后交给责任中心，最后由营业员转交给客户。

第五节 托收结算业务规范与流程

一、托收的概念

托收是一种属于贸易信贷的外币结算方法。通过这种方法，债权人（出口商）发行汇票并指示银行从债务人（进口商）处收取货款。

二、托收业务中的当事人

（1）出票人：一般为出口商，其主要任务是履行与进口商签订的合同条款和与银行签订的委托收款合同。

（2）托收行：指协助收款的银行，其主要任务是按照委托人和国际要求开展业务，以使出口商能够从付款银行处收取款项。

（3）代收行：代收行一般是进口商的代理人，负责把款项转交给寄单行。

（4）付款人：通常为进口商，他们是支付款项的人。

三、托收的种类

根据是否要向银行交付货运单据，托收可分为光票托收和跟单托收。

（一）光票托收

（1）概念：指出口商开具不附带任何货运单据的汇票，并指示银行收取款项的一种结算方式。通常来说，光票托收用于收取尾款、代垫费、佣金等其他款项。需要注意的是，即期汇票和远期汇票都可以采用光票托收。

（2）内容：光票托收的申请书应包括票据的种类、号码、金额、出票人、付款人、收款人等。

（3）适用范围：

①贸易或非贸易的小额款项支付。

②本国现金不可兑换的外币。

③外汇支票、国外债券、本票等凭证的托收业务。

④不能提供商业单据的交易。

（4）流程：光票托收流程如图8-5所示。

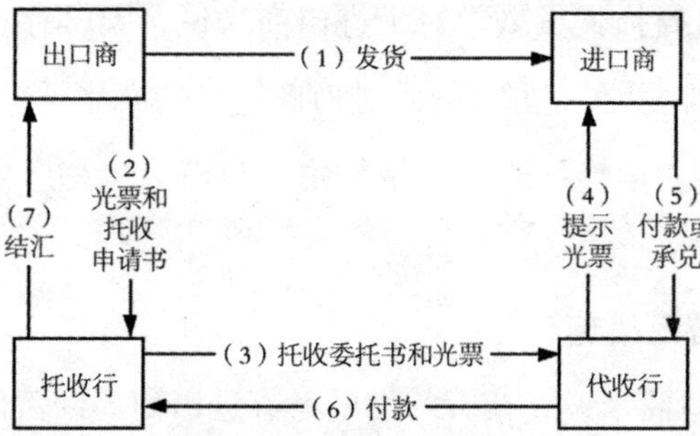

图8-5　光票托收流程

（二）跟单托收

（1）概念：指由出口商开立带有和货运单据一起的汇票交给银行，指示银行收取货款的一种结算形式。

（2）分类：主要有以下3类。

①即期付款交单。出口商在指定日期发货后随即签发即期汇票和货运单据，然后委托银行提示进口商的代理银行，要求进口商在看到汇票后立即付款。

②远期付款交单。进口商在看到汇票并确认其正确后立即发出承兑发票，并等待汇票的到期日支付货款，赎回单据。在汇票到期之前，汇票和货运单据由进口商的代理银行保存。

③承兑交单。出口商发运货物后，开具远期汇票和货运单据并将其一起交给代收银行，通知代收银行进口商要想领取货运单据需在汇票上承兑，等汇票到期、再将货款付清。

四、托收的风险与防范

（一）风险

一是信用风险。托收方式仅仅是一种信用方式，相较于银行信用来说，商业信用存在比较大的风险。如对于出口商来说，出口商发货后，进口商拒不付款，导致出口商损失货款。对于进口商来说，同样存在一定的风险，比如出口商发出的货物以次充好，导致进口商进口的产品质量下降。

二是运输风险。运输风险主要是指由于自然灾害和意外事故引起的货物的毁损灭失。

（二）风险防范措施

（1）对于出口商来说，在签约前要考察进口商的经营诚信与行事作风，做好各种托收方式的风险控制，一旦风险超越了所获取的利益就要停止交易。同时要了解进口国家的相关法律法规，遵守其外汇管理规定。

（2）对于进口商来说，同样要先对出口商的资信做全面的了解，同时对于进口货物的销售趋势和市场价格趋势进行预测，以保证自己的经济利益。

第九章

出纳的保险业务与税务业务

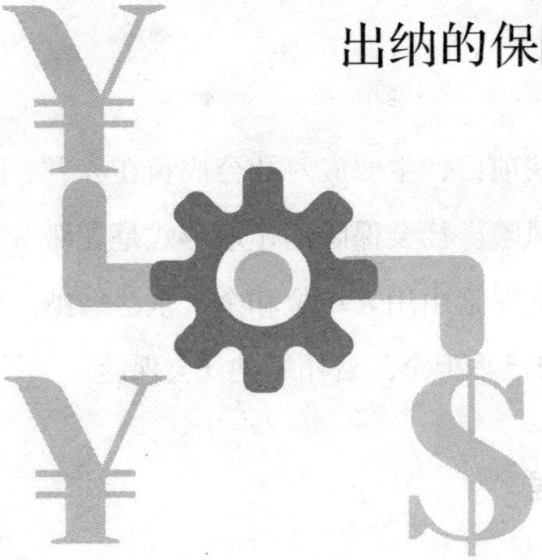

第一节 “五证合一”后的社会保险办理

一、什么是社会保险

社会保险是由政府主办的帮扶项目，主要应对社会成员在养老、医疗、失业、工伤和生育等领域的收入风险。社会保险的领取形式是先缴费，待到满足领取资格后才可以领取。社会保险由用人单位和个人依法缴纳。对于没有工作单位的个体，也可以通过自己承担全部费用缴纳社会保险。

二、企业社会保险办理流程

（一）参保所需资料

（1）营业执照副本原件及复印件一份。

（2）开户许可证原件及复印件一份。

（3）法人身份证原件及复印件一份。

（4）银行缴费合作意向书。

（5）开户之前需要登录社会保险网上服务平台进行登记。

（二）企业社会保险参保流程

例如，根据《北京市30项社会保险主要业务统一经办指南》，一般企业的参保流程如下。

（1）经办人需要到工商管理部门办理企业注册登记申报，在拿到新营业执照的同时就完成了社会保险登记。

（2）公司持有新的营业执照，可以去当地社会保险合作社开户，并按照银行付款方式签署银行付款协议。

（3）企业在成立30日内向注册地社会保险经办机构申报参加社会保险。办理人需要登录各市社会保险网上服务平台进行新参保单位信息网上申报。

（4）企业录入登记信息并提交确认后，打印“社会保险单位登记表”（一式两份），并加盖单位公章。

（5）携带上述材料及新的营业执照、开户许可证、银行缴费协议书原件和复印件到社会保险经办机构办理社会保险参保手续。

三、社会保险操作指南

（一）社会保险登记原则

根据人力资源和社会保障局关于落实“五证合一、一照一码”的登记制度，“五证合一”后国家机关、社会团体、事业单位等未纳入“五证合一，一照一码”登记制度管理的单位仍按原办法，到社会保险经办机构办理社会保险登记，由社会保险经办机构核发社会保险登记证。非生产经营性单位自成立之日起30日内，应当向当地社会保险经办机构申请办理社会保险登记。社会保险登记采用归属地管理形式，如果有的缴费单位有分支机构，那么分支机构一般作为独立的缴费单位，向其所在地的社会保险经办机构单独申请办理社会保险登记。

（二）企业员工五险参保

企业为员工办理五险参保手续就是办理“增员”。社会保险账户是一个独立的账户，所以出纳必须在这个账户中进行“增员”操作，根据新参保人员的个人信息，填写个人信息登记表，然后由新参保人员本人签字。具体办理流程如下（以北京市为例）。

1. 录入员工基本信息

登录北京市人力资源和社会保障局官方网站，依次选择“申报业务管理”→“新参保人员增加申报”，输入身份证信息，然后单击“确定”按钮，如图9-1所示。

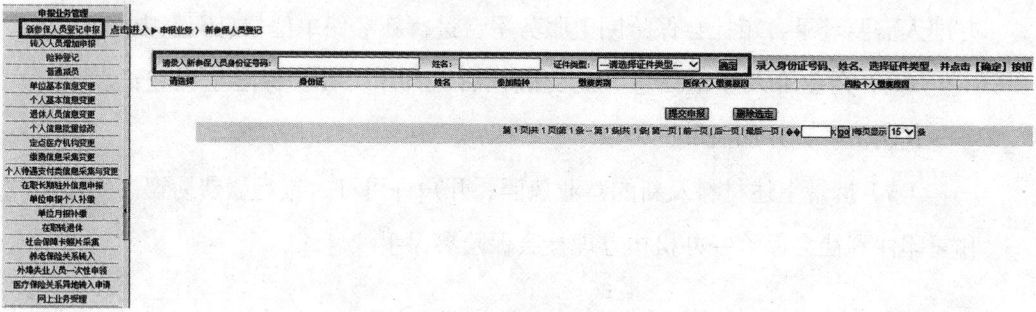

图 9-1　录入身份信息操作页面

2. 填写个人信息

如图9-2所示，在填写个人信息时要注意，“个人身份”一栏必须录入，选择“工人”或者“干部”；户口所在地地址必须与身份证上的地址一致；新参保的员工，其缴费工资以签订合同的第一个月工资为基数；定点医疗机构可任选北京市医院；在输入缴费工资及居民身份证号码时，必须使用半角状态下的输入法。

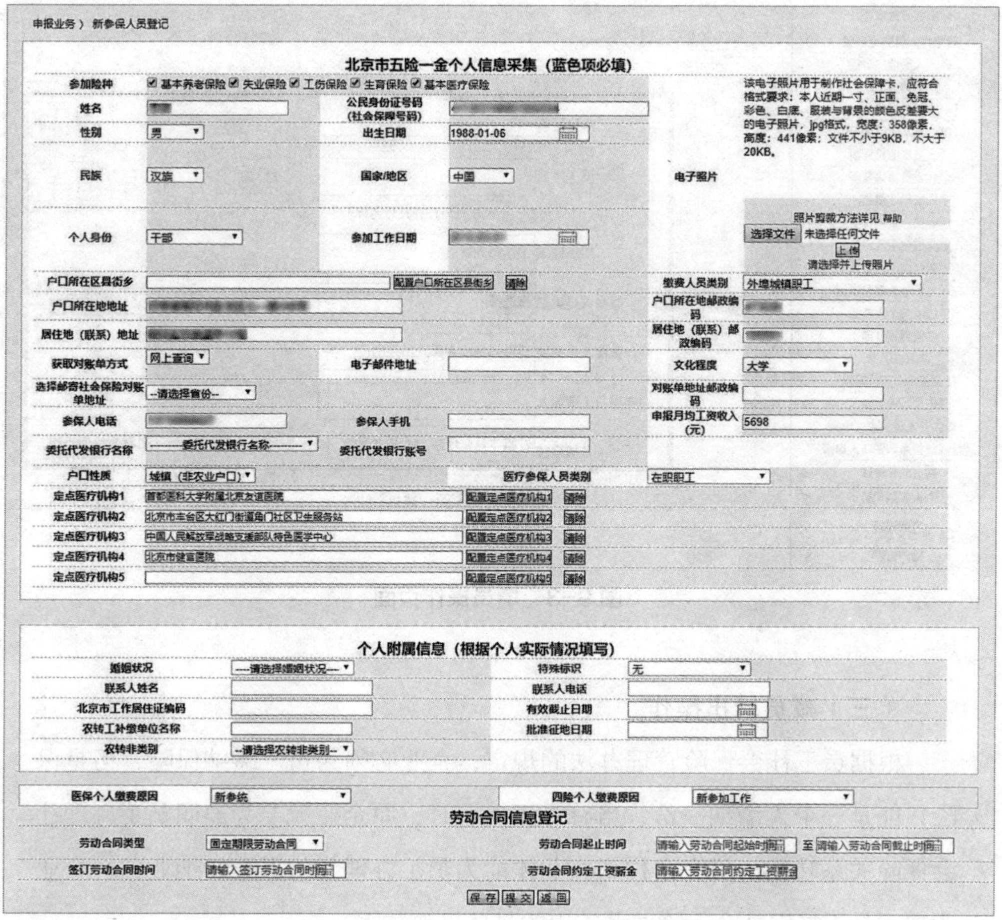

图 9-2　填写个人信息操作页面

3. 录入增员信息

个人信息录入完毕后，需要将新增人员的信息再在增员模块中录入，具体操作如下：

依次选择“申报业务管理”→“转入人员增加申报”，然后单击“普通增员”，在打开的页面中填写相关信息，根据实际情况选择缴费人员类别，参加险种要全选，最后单击“提交”按钮，如图9-3所示。

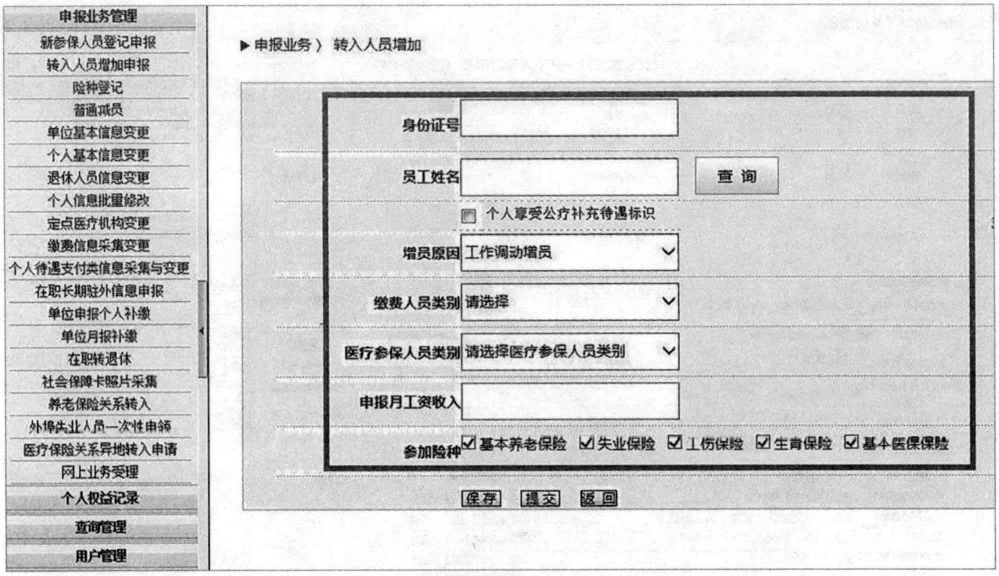

图 9-3　增员操作页面

（三）减员转出操作

根据员工社会保险管理办法的规定，企业必须为员工缴纳保险，但是保险只能是一个人缴纳一份，当有员工离职时，原企业就要为离职员工办理社会保险关系转出，只有这样新企业才能为员工办理新的保险缴纳业务。企业为离职员工办理社会保险关系转出的具体操作如下：

依次选择“申报业务办理”→“普通减员”，然后填写相关信息，如“个人停止缴费原因”选择“转出”，选择“缴费截至月份”，险种要全选，最后单击“提交”按钮，如图9-4所示。

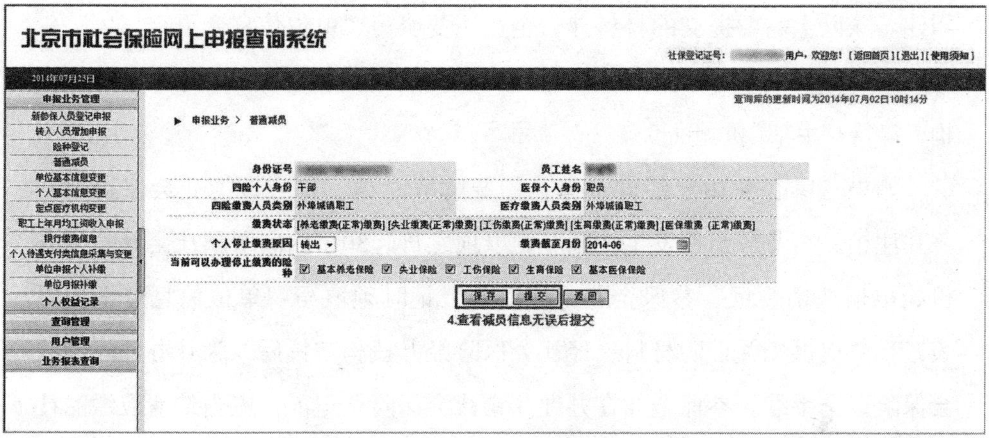

图 9-4　减员操作页面

（四）企业社会保险变更、注销

一家企业在经营过程中，由于发展进步的需要，可能会变更企业名称、银行账户或者其他需要变更的项目。在企业变更完所有的项目之后，需要到社会保险经办机构进行相应企业登记资料的变更。

1. 企业名称变更需要提供的资料

（1）根据社会保险经办机构的要求填写变更申请书。

（2）企业名称变更后的营业执照副本及工商局开出的名称变更通知复印件。

（3）企业名称变更后的开户许可证的原件及复印件。

（4）与银行重新签订的委托收款付款授权书的复印件。

2. 企业开户银行变更需要提供的资料

企业开户银行发生变更的，须向社会保险经办机构提供营业执照原件、与银行重新签订的委托收款付款授权书的复印件、变更后的开户许可证的原件及复印件。

3. 其他变更项目需要提供的资料

企业变更其他项目时，需要向社会保险经办机构提供营业执照副本的复印件。除以上需要提交的材料外，企业还要填写“单位信息变更登记表”，并加盖公章。材料收集完毕后，企业就可以将材料提交给社会保险经办机构，等待相关部门的审批。

如果一家企业由于经营不善，需要解散注销，则应该把社会保险登记一并注销。企业应当在发生注销登记事项之日起30日内向所属社会保险经办机构申请注销登记。参保企业申请注销登记时须填写“单位信息登记变更表”，并提供相关证明材料，经社会保险经办机构审核后，为其办理注销社会保险登记手续。参保企业在办理注销社会保险登记前，应当结清应缴的社会保险费、滞纳金、罚款。

第二节　社会保险缴纳处理

一、社会保险的缴费基数核定

社会保险的缴费基数就是企业或者个人用于计算缴纳社会保险的基数，用此基数乘以规定的费率，就是企业或者个人需要缴纳的社会保险金额。社会保险是按照员工工资的一定比例缴纳的，所以当员工的工资上涨时，所需缴纳的社会保险金额也会提高。

按照规定，员工社会保险的缴费基数应为员工的实际工资总额，其中包括基本工资、津贴、奖金、加班费用、各种补贴等。新参保的职工以第一个月的工资为标准。

新员工工资低于社会平均工资60%的，按照社会平均工资的60%作为缴费基数；高于社会平均工资300%的，按照社会平均工资的300%作为缴费基数。一般来说，员工社会保险的缴费基数一旦确定，一年内不会发生变动。但是，如果企业给员工的社会保险缴费基数申报错误，也是允许变更的。

二、员工的社会保险补缴

企业员工在工作过程中由于多种原因，可能会出现社会保险缴纳中断的现象，例如，员工辞职更换工作单位，新单位社会保险补缴不及时，在这种情况下，新企业可以为员工办理社会保险补缴。由于社会保险中断的时间不同，一般分为3个月内补缴和3个月外补缴，3个月外补缴又分为跨年补缴和不跨年补缴。

根据社会保险关于补缴的要求，如果是3个月内补缴，那么用人单位可以直接通过社会保险信息系统企业管理子系统报盘，并打印相关社会保险补缴明细表进行申报。如果是3个月外不跨年补缴，那么用人单位需要提供以下材料：

（1）补缴月的工资凭证复印件，加盖财务章和公章，在凭证上要有员工本人的签名。

（2）员工的劳动合同复印件。

（3）身份证复印件2份。

（4）营业执照副本原件及复印件1份。

如果是3个月外跨年补缴，则无法办理补缴。

三、住房公积金

（一）什么是住房公积金

根据国务院《住房公积金管理条例》的规定，住房公积金是指国家机关、国有企业、城镇集体企业、外资投资企业、城镇私营企业及其他城镇企业、事业单位、民办非企业单位、社会团体及其在职职工等缴存的住房储蓄。住房公积金由两部分组成，一部分由职工所在单位缴存，另一部分由职工个人缴存。住房公积金的主要用途与住房有关，它可以用于银行贷款买房等。

（二）住房公积金的开户流程

1. 需要准备的材料

（1）营业执照副本或其他可证明企业在工商机构登记注册的相关材料。

（2）法人或者单位负责人的身份证复印件。

（3）单位填制的管理中心同意印制的“单位登记表”一份，加盖公章。

（4）单位经办人的身份证原件及复印件。

2. 开户流程

（1）单位经办人带好相关资料到当地住房公积金办理中心提交以上材

料，等待审核。

（2）审核无误后，办理中心的工作人员将“单位登记表”上面的信息录入系统。

（3）录入完成后，工作人员会将录入的“单位登记表”再次打印出来，交给单位经办人审核。

（4）单位经办人审核无误后，管理中心的工作人员会在单位登记表上盖章后退给单位经办人，开户完成。

（三）住房公积金的提取

根据《住房公积金管理条例》第二十四条的规定，职工有下列情形之一的，可以提取职工住房公积金账户内的存储余额。

（1）购买、建造、翻建、大修自住住房的。

（2）离休、退休的。

（3）完全丧失劳动能力，并与单位终止劳动关系的。

（4）出境定居的。

（5）偿还购房贷款本息的。

（6）房租超出家庭工资收入的规定比例的。

第三节 “五证合一”后的税务登记办理

一、什么是税收

税收是指从需要依法纳税的单位和个人那里收取一定数量的货币的活动。税收是国家获得的收入，是进行社会管理的物质基础。在我国，国家90%以上的收入来自税收，这些税收主要用于社会基础设施建设、国防建设、国民教育、社会保障等，国家对这些税收进行再分配，有效地提高国民经济水平，增强国家的综合实力。

二、税收的特征

（1）强制性：税收是国家凭借其政治权力强制征收的。

（2）无偿性：国家征税是不需要向纳税人返还的，也不需要向纳税人付出任何代价。

（3）固定性：固定性是指国家征税的形式是固定的，未经有关部门的批准不得随意更改。

三、税务登记

税务登记是一种管理系统，税务机关通过该系统对纳税人的生产和经营活动以及扣缴义务人的扣缴活动进行法定登记，这是将纳税人和扣缴义务人纳入税务机关管理的依据，是税务机关实施税收管理的主要纽带和基础工作。

（一）新办企业税务登记流程

设立税务登记是注册企业的重要工作，在推行“五证合一”制度后，企业的设立税务登记工作也就在企业成功注册后自然实现了。企业注册登记的程序如下。

（1）在工商部门网报系统中填写申办企业登记，即在工商部门网报系统中填写“新设企业‘多证合一’登记申请表”。

（2）办证人员携带审核通过后打印的“新设企业‘多证合一’登记申请表”以及其他纸质资料，前往大厅“多证合一”窗口办理业务。

（3）窗口工作人员核对信息、资料无误后，将信息导入工商准入系统，生成工商注册号，并在“多证合一”打证平台上生成各部门号码、补录相关信息；同时，窗口工作人员将企业提交的材料扫描入库，与“工商企业注册登记联办流转申请表”一起传递至质监、税务、社保、统计等各部门，由各部门分别完成后台信息录入。

（4）完成上述工作后，窗口工作人员最终打印出载有一个证号的营业执照，取得该营业执照即表明企业完成了开业税务登记。需要注意的是，各地的具体程序存在一定的差异，如有的地方在办理好营业执照后还需要到税务机关“报到”，核实企业涉及的税种，具体相关流程可咨询当地税务机关。

（二）税务登记注销

企业由于经营不善导致破产、解散、注销的应当终止纳税义务，在申请注销前要到当地所属税务机关缴纳应纳税款、滞纳金和罚款等，然后企业经办人需要持相关证件到税务服务大厅提交注销申请，最后拿着注销通知书去工商局办理注销变更。

企业在申请注销纳税义务时要准备好下列资料：清税登记表；中国注册会计师的查账报告；主管部门有关解散、撤销的批准文件；企业尚未使用过的空白发票；其他有关税务证件、资料。

四、办理纳税申报

（一）增值税纳税申报

1. 纳税申报时限

根据《中华人民共和国增值税暂行条例》的规定，纳税人以1个月或1个季度为一个纳税期限的，自期满之日起15日内申报纳税；以1日、3日、5日或者15日为一个纳税期限的，自期满之日起5日内预缴税款，于次月1日起15日内申报纳税并结清上月应纳税款。

2. 纳税申报方式

根据《中华人民共和国税收征收管理法》的规定，纳税申报有以下两种方式。

（1）直接上门申报：企业在规定的纳税申报期限内，持内容填写准确完整、印章齐全的纳税申报资料，到当地税务机关综合服务岗办理纳税申报、代扣代缴、代收代缴税款业务。

（2）网上申报：实行网上申报的企业应在规定的日期内通过计算机将相关电子资料传输到税务机关，申报成功后通过代理扣税银行直接扣款。

（二）消费税纳税申报

1. 纳税申报时限

消费税的申报时限与增值税的申报时限相同，纳税人以1个月或1个季度为一个纳税期限的，自期满之日起15日内申报纳税；以1日、3日、5日或者15日为一个纳税期限的，自期满之日起5日内预缴税款，于次月1日起15日内申报纳税并结清上月应纳税款。

2. 纳税人应提供的资料

（1）消费税纳税申报表。

（2）委托加工收回应税消费品连续生产应税消费品的，提供“代扣代收税款凭证”原件和复印件。

（3）进口应税消费品连续生产应税消费品的，提供“海关进口消费税专用缴款书”。

（4）扣缴义务人必须报送“消费税代扣代缴税款报告表”。

（5）汽油、柴油消费税纳税人还需报送生产企业生产经营情况表、生产企业产品销售明细表、主管部门下达的月度生产计划、企业根据生产计划制订的月份排产计划。

（三）企业所得税纳税申报

1. 纳税申报时限

根据《中华人民共和国企业所得税法》的规定，年度申报的纳税人应于年度终了之日起5个月内，向当地主管税务机关办理企业所得税纳税申报；季（月）度申报的纳税人应当在月份或季度终了后15日内，向当地主管税务机关进行纳税申报。

2. 纳税人应提供的资料

（1）企业所得税年度纳税申报表。

（2）企业所得税季（月）度预缴纳税申报表。

（四）城市维护建设税和教育费附加的申报

1. 概述

根据城市维护建设税、教育费附加的征收管理规定，城市维护建设税和教育费附加是对从事工商经营以及缴纳增值税、消费税的单位和个人征收的税种。

2. 纳税申报时限

城市维护建设税和教育费附加应在增值税、消费税申报的同时进行申报。

3. 计税依据

城市维护建设税和教育费附加的计税依据是纳税人实际缴纳的增值税、消费税的税额。纳税人需要交的滞纳金、罚款不作为城市维护建设税和教育费附加的计税依据，但是纳税人在被查补的增值税、消费税被处以罚款时，应同时对其偷漏的城市维护建设税和教育费附加进行补税，征收滞纳金和罚款。

（五）房产税纳税申报

1. 房产税的纳税义务发生时间

根据房产税的相关规定，纳税义务发生时间如下：

（1）纳税人将原有房产用于生产经营，从生产经营之月起缴纳房产税。

（2）纳税人自行新建房屋用于生产经营，从建成的次月起缴纳房产税。

（3）纳税人委托施工企业建设的房屋，从办理验收手续的次月起开始缴纳房产税。

（4）纳税人出租、出借房产，自交付房租、出借房产的次月起开始缴纳房产税。

（5）纳税人购置新建商品房，自房屋交付使用的次月起缴纳房产税。

（6）纳税人购置存量房，自办理房屋权属转移、变更登记手续，房地产权属登记机关签发房屋权属证书的次月起缴纳房产税。

（7）房地产开发企业自用、出租、出借本企业建造的商品房，自房屋使用或交付之次月起缴纳房产税。

2. 房产税的申报流程

（1）纳税人到当地涉税服务大厅申报纳税窗口领取“房产税纳税申报表”。

（2）填写“房产税纳税申报表”。

（六）其他税种的纳税申报

税法有明确规定的，按照税法规定的期限申报纳税；税法没有明确规定的，按照主管税务机关的规定申报纳税。

（七）个体工商户的申报纳税规定

（1）个体工商户应按照税务机关规定的申报纳税期限，按时申报缴纳税款，并报送有关纳税资料。

（2）个体工商户可直接到税务机关缴纳税款，也可以经税务部门批准后，采取邮寄数据电文或委托银行划缴等方式申报。

（3）定期定额户依照税务机关核定的定额和规定的期限缴纳税款的，视为已申报。

（4）具有一定情形的定期定额户，可以申请将纳税期限合并为季、半年或年的方式缴纳税款，具体期限由省级税务机关根据具体情况确定。

第四节　税务缴纳处理

一、增值税的缴纳核算

（一）增值税的含义

增值税是以商品在流转过程中新增加的价值作为依据而征收的一种流转税。增值税的征收环节包括生产、流通、消费环节。增值税属于价外税，是我国最主要的税种之一。

（二）核算规范

企业在核算增值税时应设置“应交税费”一级科目以及“应交增值税”和“未交增值税”两个二级科目，在二级明细科目下设“进项税额”“销项税额”等三级明细科目。“应交税费”属于负债类科目，期末贷方余额表示“尚未缴纳的税额”，期末借方余额表示企业多交的税费。

（三）税金的核算

1. 一般纳税人增值税

应纳税额=销项税额−进项税额

销项税额=不含税销售收入×税率=含税销售收入÷（1+税率）×税率

一般纳税人增值税税率为13%。

2. 小规模纳税人增值税

应纳税额=含税销售额÷（1+征收率）×征收率

小规模纳税人增值税的征收率为3%。

（四）相关账务处理

例9-1：某企业为增值税一般纳税人，2020年4月12日购买一批原材料，开出的增值税专用发票注明价款为50 000元，增值税税额为6500元，货款尚未支付，材料已经验收入库，根据上述材料作出相关账务处理。

借：原材料　　50 000

　　应交税费——应交增值税（进项税额）6500

　　贷：应付账款　　56 500

例9-2：某企业为增值税一般纳税人，2020年7月10日出售一批产品，在开具的发票上已注明不含税价款为100 000元，已知一般纳税人增值税税率为13%，该批产品成本为60 000元，销售货款已存入银行，据此编制相关会计分录。

该企业应交增值税销项税额为100 000×13%=13 000（元），相关账务处理如下。

借：银行存款　　113 000

　　贷：主营业务收入　　100 000

　　　　应交税费——应交增值税（销项税额）　13 000

同时作出以下账务处理。

借：主营业务成本　　60 000

　　贷：库存商品　　60 000

二、消费税的缴纳核算

（一）消费税的含义

消费税以消费品的流转额作为征税对象，是政府向消费品征收的税项，它实行价内税。消费税的征收环节为生产、委托加工和进口环节，由于在批发和销售环节已经征收过消费税，所以对这两个环节不再征收消费税。

（二）消费税的征税范围

（1）烟。

（2）酒及酒精。

（3）贵重首饰及珠宝玉石。

（4）化妆品。

（5）鞭炮、烟火。

（6）成品油。

（7）汽车轮胎。

（8）摩托车。

（9）小汽车。

（10）高尔夫球及球具。

（11）高档手表。

（12）游艇。

（13）木制一次性筷子。

（14）实木地板。

（三）消费税计算方法

1. 从价计税

$$应纳税额=应税消费品销售额\times适用税率$$

2. 从量计税

应纳税额=应税消费品销售数量×适用税额

（1）自产自用应税消费品用于连续生产应税消费品的不纳税。

（2）委托加工应税消费品收回后继续生产应税消费品的代扣代缴的消费税记入“应交税费——应交消费税”科目，收回后直接出售的记入“委托加工物资”科目。

3. 复合计税

根据税法的相关规定，卷烟、粮食白酒、薯类白酒实行从量计税和从价计税相结合的复合计税办法。

应纳税额=销售数量×定额税率+销售额×比例税率

对于委托加工的应税消费品，应按照受托方的同类消费品的销售价格计算纳税；没有同类消费品销售价格的，按照组成计税价格计算纳税。

（1）有同类消费品销售价格的，其应纳税额的计算公式如下：

应纳税额=同类消费品单价×委托加工数量×适用税率

（2）没有同类消费品销售价格的，其应纳税额的计算公式如下：

应纳税额=组成计税价格×适用税率

其中，组成计税价格=（材料成本+加工费）÷（1−消费税税率）。

（四）相关账务处理

例9-3：某企业于2020年5月销售汽车轮胎应纳消费税32 000元，相关账务处理如下。

（1）计提时的账务处理如下。

借：税金及附加　　　　　　　　　　32 000

　　贷：应交税费——应交消费税　　　　　32 000

（2）缴纳消费税时的账务处理如下。

借：应交税费——应交消费税　　　　　32 000

　　贷：银行存款　　　　　　　　　　　32 000

三、城市维护建设税和教育费附加的缴纳核算

（一）城市维护建设税应纳税额的计算

应纳税额=（纳税人实际缴纳的增值税+消费税）×适用税率

城市维护建设税的税率按照纳税人所在地不同，设置了3档地区差异税率：除特殊规定外，纳税人所在地为市区的，税率为7%；纳税人所在地为县城、镇的，税率为5%；纳税人所在地不在市区、县城或镇的，税率为1%；开采海洋石油资源的中外合作田所在地在海上，其城市维护建设税适用1%的税率。

（二）教育费附加应纳税额的计算

应纳税额=（纳税人实际缴纳的增值税+消费税）×3%

（三）城市维护建设税和教育费附加的相关账务处理

（1）计提时的账务处理如下。

借：税金及附加

　　贷：应交税费——应交城市维护建设税

　　　　　　　　——应交教育费附加

（2）实际缴纳时的账务处理如下。

借：应交税费——应交城市维护建设税

　　　　　　——应交教育费附加

　　贷：银行存款

四、企业所得税的缴纳核算

（一）企业所得税的含义

企业所得税是指对企业来源于中国境内、境外生产经营所得征收的一种税。企业所得税的纳税人分为居民企业和非居民企业。

（二）企业所得税应纳税所得额的确定

企业在计算企业所得税时以应纳税所得额为计税基础。根据《中华人民共和国企业所得税法》的规定，应纳税所得额为收入总额扣除不征税收入、免税收入和各项扣除以及以前年度亏损后的余额。

（1）收入总额：包括销售货物收入、提供劳务收入、转让财产收入、股息红利、利息收入、租金收入、特许权使用费、接受捐助收入和其他收入。

（2）不征税收入：包括财政拨款、依法收取并纳入财政管理的行政事业性收费、政府性基金以及国务院规定的其他不征税收入。

（3）免税收入：国债利息收入；符合条件的居民企业之间的股息红利；在中国境内设立机构、场所的非居民企业从居民企业取得与该机构、场所有实际联系的股息红利等权益性投资收益；符合条件的非营利组织的收入。

（4）各项扣除：指与取得收入有关的合理的、必要的支出，包括成本、费用、税金、损失和其他支出。

（三）企业所得税的计算

目前我国企业所得税的基本税率为25%，符合条件的小型微利企业适用税率为20%，国家需要重点扶持的高新技术企业适用税率为15%。

应纳税额=应纳税所得额×适用税率-减免税额-抵免税额

（四）企业所得税的相关账务处理

（1）计提企业所得税时的账务处理如下。

借：所得税费用

　　贷：应交税费——应交企业所得税

（2）实际缴纳时的账务处理如下。

借：应交税费——应交企业所得税

　　贷：银行存款

例9-4：2020年1月20日，某企业应纳税所得额为500 000元，根据税额计算相关单据，作出相关账务处理如下。

应交企业所得税=500 000×25%=125 000（元）。

借：所得税费用　　　　　　125 000

　　贷：应交税费——应交企业所得税　　　　125 000

五、个人所得税的缴纳核算

（一）个人所得税的含义

个人所得税是对自然人作为应税对象获得的各种应税收入所征收的税款。

（二）个人所得税的纳税义务人

个人所得税的纳税义务人包括居民纳税义务人和非居民纳税义务人。

1. 居民纳税义务人

居民纳税义务人是指在中国境内有住所，或者无住所但在中国境内居住满1年的个人。居民纳税义务人负有无限纳税义务，其从中国境内和境外取得的所得，都要在中国缴纳个人所得税。

2. 非居民纳税义务人

非居民纳税义务人是指在中国境内无住所又不居住，或者无住所而在中国境内居住不满1年的个人。非居民纳税义务人承担有限的纳税义务，仅就其从中国境内取得的所得，在中国缴纳个人所得税。

（三）个人所得税的应税项目

（1）工资、薪金所得。

（2）个体工商户的生产、经营所得。

（3）劳务报酬所得。

（4）稿酬所得。

（5）特许权使用费所得。

（6）利息、股息、红利所得。

（7）财产转让、租赁所得。

（8）偶然所得。

（9）对其事业单位的承包、承租经营所得。

（四）免征个人所得税的项目

（1）残疾、孤老人员或烈属所得。

（2）因自然灾害遭受重大损失。

（3）省级人民政府、国务院部委和中国人民解放军军以上单位，以及国外组织、国际组织颁发的科学、教育、技术、文化、卫生、体育、环境保护等方面的奖金。

（4）国债和国家发行的金融债券利息。

（5）按照国家统一规定发放的补贴、津贴。

（6）福利费、抚恤金、救济金。

（7）保险赔款。

（8）军人的转业费、复员费、退役金。

（9）按照国家统一规定发给干部、职工的安家费、退职费、基本养老金或者退休费、离休费、离休生活补助费。

（五）企业为职工缴纳个人所得税的应纳税所得额计算

（1）居民个人的综合所得：以每一纳税年度的收入额减除费用60 000元以及专项扣除、专项附加扣除和依法确定的其他扣除后的余额为应纳税所得额。

（2）非居民个人的工资、薪金所得：以每月收入额减除费用5 000元后的余额为应纳税所得额；劳务报酬所得、稿酬所得、特许权使用费所得，以每次收入所得为应纳税所得额。

（3）利息、股息、红利所得和偶然所得：以每次收入额为应纳税所得额。

（4）劳务报酬、稿酬、特许权使用费所得：以收入减除20%的费用后的余额为收入额；稿酬所得的收入额减按70%计算。

（5）个人将其所得对教育、扶贫、济困等公益慈善事业进行捐赠：捐赠额未超过纳税人申报的应纳税所得额30%的部分，可以从其应纳税所得额中扣除；国务院规定对公益慈善事业捐赠实行全额税前扣除的，从其规定。

（六）个人所得税核算规范

（1）企业代扣代缴的职工个人所得税的账务处理如下。

借：应付职工薪酬

　　贷：应交税费——应交个人所得税

（2）实际缴纳时的账务处理如下。

借：应交税费——应交个人所得税

　　贷：银行存款

例9-5：小王2020年5月取得工资、薪金含税所得为10 000元，计算当月应缴纳的个人所得税。

应纳税所得额为10 000−5 000=5 000元。

应交个人所得税为5 000×10%−210=290元。

六、房产税的缴纳核算

（一）房产税的含义

房产税是以房屋为征税对象，按照房屋的计税余值或者租金收入，向房产所有人征收的一种税。房产税采用的是比例税率，计税依据分别是从价计征和从租计征，从价计征的税率为1.2%，从租计征的税率为12%。

（二）应纳税额的计算

（1）从价计征：适用于自有房产用于生产经营的情况，应纳税额计算如下：

应纳税额=应纳房产原值×（1−30%）×1.2%

（2）从租计征：适用于出租非居住的房产取得租金收入的情况，应纳税额计算如下：

应纳税额=租金收入×12%（或者4%）

注意：这里的房产税率4%为优惠税率，适用于个人出租住房，不分出租后的用途。

（三）相关账务处理

（1）计提应缴纳的房产税时的账务处理如下。

借：税金及附加

　　贷：应交税费——应交房产税

（2）实际缴纳房产税时的账务处理如下。

借：应交税费——应交房产税

　　贷：银行存款

例9-6：某企业的经营场所为自有房产，原值为1800万元，计算其应纳房产税额并编制相关会计分录。

应缴纳的房产税为1800×（1−30%）×1.2%=15.12（万元）。

计提时的会计分录如下。

借：税金及附加　　151 200

　　贷：应交税费——应交房产税　　151 200

实际缴纳时的会计分录如下。

借：应交税费——应交房产税　　151 200

　　贷：银行存款　　151 200

七、印花税的缴纳核算

（一）印花税的含义

根据《中华人民共和国印花税暂行条例》的规定，印花税是对经济活动和经济交往中书立、领受的应税经济凭证所征收的一种税。因为纳税人主要通过在应税凭证上粘贴印花税票来完成纳税义务，所以这种税种被称为印花税。

（二）印花税的特点

（1）征税范围较广：印花税的征税对象包括了经济活动和经济交往中的各种应税凭证，凡是书立和领受这些凭证的单位和个人都要缴纳印花税。

（2）税收负担较轻：印花税的税率较低。

（3）由纳税人自行完成纳税义务。纳税人通过自行计算、购买并粘贴印花税票的方法完成纳税义务，并在印花税票和凭证的骑缝处自行盖戳注销或画销。

（三）需要缴纳印花税的税目

（1）购销合同。包括供应、采购、购销结合及协作、调剂、补偿、易货等合同。

（2）加工承揽合同。包括加工、定做、修缮、修理、印刷、广告、测绘、测试等合同。

（3）建设工程勘察设计合同。包括勘察、设计合同的总包合同、分包合同和转包合同。

（4）建筑安装工程承包合同。包括建筑、安装工程承包合同的总包合同、分包合同和转包合同。

（5）财产租赁合同。包括租赁房屋、船舶、飞机、机动车辆、机械、器具、设备等合同，还包括企业、个人出租门店、柜台等所签订的合同，不包括企业与主管部门签订的租赁承包合同。

（6）货物运输合同。包括民用航空、铁路运输、海上运输、内河运输、公路运输和联运合同。

（7）仓储保管合同。包括仓储、保管合同或作为合同使用的仓单。

（8）借款合同。包括银行及其他金融组织和借款人所签订的借款合同。

（9）财产保险合同。包括财产、责任、保证、信用等保险合同。

（10）技术合同。包括技术开发、转让、咨询、服务等合同。

（11）产权转移书据。

（12）营业账簿。

（13）权利、许可证照。

（四）相关账务处理

借：税金及附加

　　贷：银行存款

第十章

出纳工作岗位内部控制

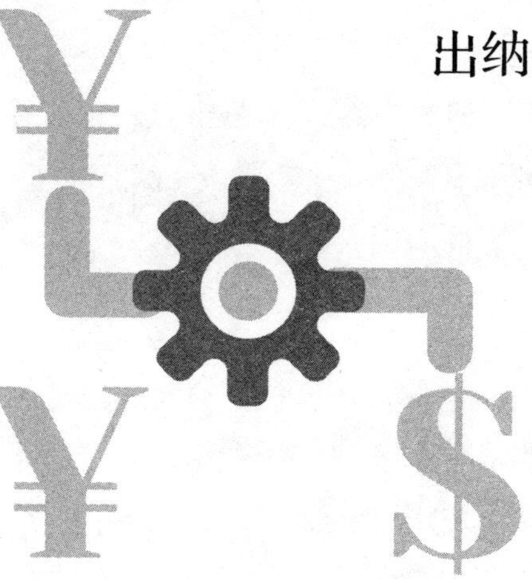

第一节　现金的内部控制

第五章阐述了现金管理业务的相关内容，本节重点讲解现金的内部控制。

一、现金业务常见问题

（一）缺计现金总额

出纳通过故意将日结现金总额记错或少记，使得现金日记账的账面总额相较于实际存在的现金额减少，从而使账面余额减少，达到将库存现金占为已有的非法目的。

（二）篡改凭证

出纳利用职务之便，将有漏洞的原始凭证借机加以修改金额，通过将金额改小来达到贪污多出的现金部分的目的。

（三）销毁票据收据，以及盗用收据

出纳将收入部分的票据和收据撕毁，以此占有该部分现金。

出纳利用监督漏洞盗取收据，通过向客户开出虚假票据来将该现金收入占为已有。

（四）大量使用现金

在正常情况下，按照规范，企业的大额资金应该通过银行进行流转来开展相关业务，但是仍有一些企业通过现金的方式进行交易，这就为出纳带来了从中贪污窃取的机会。

（五）管钱又管账

作为出纳去参与管理会计的职责，既管理日常现金的出入，又管理企业账目，这样就为出纳在贪污的同时还能做到账实相符提供了便利条件。

（六）无证无账以及大头小尾

无证无账是指出纳在收入现金时，不给收款方开具收据，同时也不报账记账，从而达到将这笔现金占为己有的目的。

（七）挪用现金

这种问题一般包括以下3种形式。

1. 利用现金日记账进行挪用

在现金日记账核实之后距离总账的登记总是有一定的时间差的，出纳可以利用这个时间差，通过少加现金日记账的收入总数或者多加现金日记账的支出总数来达到挪用现金的目的。

2. 通过延迟入账来挪用现金

企业的现金收入应及时入账，并存入银行。如果收入的现金没有及时编制记账凭证，或者虽编制了记账凭证但没有及时入账，就会为出纳创造挪用现金的机会和条件。

3. 通过循环入账挪用现金

出纳有可能会在收到一笔应收账款的现金后，暂不入账并将其挪至他用，待到第二笔应收账款的现金收到后补上上一笔应收账款，然后继续挪用第二笔应收账款，以此方式循环往复，不断挪用。

二、现金的内部控制措施

（一）会计业务与出纳业务要分人管理

为了保证现金的安全，防止各种错误、弊病的发生，会计只管账不管钱，出纳只管钱不管账，使财务工作由两人或两人以上来完成，以此方式来加强现金的内部控制。如分工登记现金账簿，出纳按照现金收支实际情况及凭证进行现金日记账的登记，而会计则根据现金凭证登记等情况对现金对应账户进一步登记相关明细账及总分类账等。

（二）出纳在办理现金收支业务时须依据合法凭证来进行业务办理

在办理业务过程中一切的现金收支，必须有合法的原始凭证作为依据。出纳在支出现金之后，首先需要在原始单据上加盖“现金付讫”戳记，同时在当日入账，不可以借据抵现金入账。出纳在收到现金后，应当为对方开具合法收款凭据。对于以上步骤，企业往往需要会计主管人员进行现金的审查以及相关凭证的核对，如收入方收款日期与收款凭证上的制证日期是否一致等。同时，对于发票和收据的控制需要建立相关制度，对其数量和编号进行控制和管理，以此监督收入款项的准确入账。

（三）严格控制库存现金的数额

为了方便日常经营活动对于零星现金的需要，在经过相关负责人审批、核定后确定库存现金的额度。在一般情况下，以3～5天的现金日常收支量为标准，一旦超过限额，需要将该部分及时存入银行。

（四）不坐支现金

坐支是指从收入中获得的现金直接用于现金支出部分。当企业需要支出现金时，应从库存现金或银行中支取，不可以将收入部分的现金直接支出。

第二节　银行存款的内部控制

一、银行存款常见问题

（一）错记银行存款日记账余额

出纳蓄意篡改银行存款日记账余额，通过这种方式来套现或者利用转账支票来套购物品。当月底银行存款日记账存在借贷不平时，擅自调平，制造余额差，为贪污提供便利条件。

（二）擅自提现

出纳利用职务之便，擅自签发现金支票来提取现金，并对以上行为不留存根、不进行记账，从而达到窃取现金的目的。

（三）账目科目用错

出纳在登记日记账时，将应记入“库存现金”科目的收入转而记入“银行存款”科目，或者将由“银行存款”科目支出的现金转而记入“库存现金”科目的支出，以此达到套取现金的目的。

（四）公款私存

公款私存是指将公款以某种手段转入私人账户，从而达到侵占、贪污、私吞、盗用、挪用等目的。主要存在以下两种手段。

（1）以个人名义将现金存入银行账户，然后通过“预付账款”科目将资金由单位账户转入个人账户名下。

（2）伪造业务，以此将银行存款先转至个人账户，再将业务活动中发生的劳务费、成本等不入账，产生的回扣等也不交公，并以个人名义或业务部门的名义将款项存入银行。

（五）转账套现

出纳利用职务之便，利用其他公司的账户来为该公司套取现金，以此达到贪污或者获取回扣的目的。通过这种方式，从对方账面来看也是通过“应收账款”和“银行存款”这两个账户借贷相平的，但是本公司就可以在此过程中为外公司套取现金。

在正常情况下，出纳在收到外公司的转账支票后，应先借记“银行存款”科目，贷记“应付账款”科目；若提取现金再借记“库存现金”科目，贷记“银行存款”科目；在向该公司转付现金时再冲减“库存现金”科目。而出纳为掩盖套取公司现金的行为，会在日记账上省略以上步骤，直接借记“银行存款”科目，贷记“库存现金”科目。

（六）擅改银行对账单

这种情况往往发生在出纳存在套取现金的行为，而为了做到账实相符、账账相对，会同时修改银行存款日记账的对应发生额，以此保证借贷平衡。

（七）以票套物

出纳利用职务之便擅自签发转账支票，并以此来购得商品，并对此行为不记账、不填凭证，将该商品占为己有。

（八）提现不记现金账

出纳在从银行存款中提取现金后，只在银行存款日记账上登记该笔业务，并不在现金日记账上登记，从而将该部分现金占为己有。因为在企业日常财务管理工作中，这两个账目往往分别登记在两个账本上，所以，若不将两个账本对账，则很难发现其中的某笔业务有问题。

（九）截留银行存款收入

出纳在收到银行代为收账的通知单后漏记在银行存款日记账上，然后偷开提现支票将其以现金形式提出，从而将其占为己有。

（十）重复登记银行存款支出

出纳在获得实际支付款项后银行提供的相关付款凭证和原始凭证时将其

分别在银行存款日记账上登记两次，这样在期末的时候为了保证借贷平衡，就会将提现部分不入账，从而将此部分现金贪污。

（十一）对外出借企业账户

对外出借企业账户一般是指本公司出纳与外公司出纳相配合，利用自己公司的账户转移账户资金或者套现为自己谋利；或者出借本公司账户来为其他公司转移资金，这种行为往往需要外公司先给本公司账户汇款，然后本公司为其提现或者再转移至其他账户，这样一进一出，对账户总额并无影响，出纳就可以不将此笔业务登记至银行存款日记账。

（十二）套用以前年度转账支票

出纳将以前年度已入账的转账支票的收账凭证日期修改为本年度的，并将其重复入账，这样就会使得银行存款日记账的余额大于银行提供的银行对账单余额，而未达到借贷相平就需要调平，这就为其提取现金来调平账面提供了合理条件。

（十三）套用以前年度存款进账单

出纳将以前年度的存款进账单修改日期后充作本年度的存款进账单，然后将该部分现金占为己有。但是，这样会使银行对账单与银行存款日记账不符，所以出纳会在“银行存款”科目借方记账来保证余额相平，或者在日常业务中将一些收款不入账从而调平账目。

（十四）套取银行存款利息

出纳在企业发生银行贷款和存款利息时需要先冲减存款利息，再将剩余的贷款利息入账，计入财务费用。但如果贪污掉这部分存款利息，就会导致银行存款日记账与银行对账单不符，这时出纳将剩余贷款支出利息部分不入银行存款日记账，就可使银行存款日记账与银行对账单相符，从而达到私占存款利息的目的。

以上只是列举了在出纳日常工作中存在的一些内部问题，这就要求出纳从业人员在工作中严于律己，严格按照国家的相关法律法规来操作。

二、银行存款的内部控制措施

（一）审批

建立一个良好的内部控制制度首要的是建立良好的审批制度，对于银行存款的内部控制同样如此。在企业发生银行存款上的收支业务之前，需要经过会计或财务主管人员审核批准，或授权具体经办人加以签字或盖章。这个过程主要是为了保证银行存款收支业务需要在一定授权的限制下才能开展，从而达成一种内部控制。

（二）分管

出纳的职责需要与会计的职责相分离，做到账钱分离、互相牵制、互相监督、互相控制，从而形成银行存款上的内部控制。

（三）审核与稽核

审核主要是指在正式编制银行收付款凭证之前由会计相关主管对出纳提供的原始凭证进行审查，以及出纳在处理业务的过程中是否合法合规，手续是否规范完整；同时还要对结算凭证中体现的业务内容与原始凭证相核对，看是否一致，在确认无误后再签字或盖章以表示审核通过。

稽核则主要是指由企业专门的稽核人员或审核人员在记账之前对于原始记账凭证、银行收付款凭证以及各项手续的真实性、准确性、完整性、合法性等进行核查。

审核和稽核主要是为了保证出纳及会计能够真实、准确地记录和反映银行存款的各项收付款业务，以防出现漏记、错记等问题。

第三节 其他货币资金的内部控制

一、什么是其他货币资金

其他货币资金包括企业的银行汇票存款、银行本票存款、信用卡存款、信用证保证金存款、存出投资款、外埠存款等。

二、其他货币资金的内部控制措施

（一）其他货币资金的一般内部控制措施

（1）查证存款日记账是否准确真实及开立的各个存款账户是否是必要的。比如，外埠存款是否是为了临时或零星采购物资而设立的；信用证存款是否是为了开展进出口贸易业务进行外汇结算而设立的等。

（2）在企业开具专户存款时需经过相应的审批手续，而且发生的数额也应在合理范围内。以上情况需要企业提供对应的书面说明。

（3）对于日记账中记录的业务，需要对其原始凭证与记账凭证进行对照核查，看其是否一致。同时对存款账户的支出款进行核查，包括金额是否合理，用途是否与申请的内容一致，是否严格遵守银行的相应结算制度，在支出款业务办理完成后是否及时进行结算，以及出纳是否在此过程中非法转移资金。

（4）对于在途货币资金部分，首先，依照汇出企业提供的汇款通知书对在途资金存在的真实性进行确认；其次，确认在收到在途货币资金后是否及时入账并注销该账目上的记账数额；最后，应对那些长期无法收到的款项以及长期挂账的款项的原因进行了解。

（二）外埠存款的内部控制措施

（1）审查人员应对以外埠存款这种方式购入的商品、原材料等各类物品进行详查，着重关注是否有超出存款金额的部分。

（2）查看“外埠存款”科目的明细账，是否有长期挂账的现象；若“外埠存款”占用时间过长，则需相关人员对其进行审查，看是否出现挪用资金或不及时进行结算的舞弊现象。

（三）银行汇票存款的内部控制措施

（1）在审查该类业务时，应注意核对银行汇票申请书，看企业与收款方是否的确有该笔业务存在。

（2）查看与收款方签订的相关合同对于付款方式的约定是否采用的是银行汇票进行结算。

（3）查看“银行汇票”科目的明细账，是否做到详尽、真实，同时也要查看相关会计人员是否及时办理了结算，以及有无挂账和挪用或侵占汇票存款等行为。

（4）定期核对银行存款日记账与银行对账单是否一致，看剩余款项与银行对账单显示的是否一致。若有出入则需查明是否为未达账项，若不是则应查看自己企业是否收到了无效或者过期的汇票。

（四）银行本票存款的内部控制措施

银行本票存款的内部控制措施与银行汇票存款的内部控制措施基本一致。

总之，企业若想加强对于其他货币资金的内部控制，防止相关人员舞弊或利用其为自己谋取私利，就需要对其加强管理。对于其他货币资金相关业务及时办理结算，对于逾期未及时办理结算的银行汇票、银行本票等应按照规定及时转回。同时，企业应严格按照相关规章制度核算其他货币资金的各类业务。

第十一章

Excel在出纳业务中的应用

第一节 用Excel处理现金日记账

企业采用各类办公软件开展各项财务工作，出纳工作当然也不例外。出纳最常应用的办公软件是Excel。通过正确、巧妙地应用办公软件可以更加高效、便捷地进行办公，这既降低了办公成本，又提高了办事效率。因此，熟练掌握Excel来处理各类业务成为当今出纳必须掌握的技能。本节主要讲解如何运用Excel来对现金日记账进行处理，包括如何制作表格和在其中插入简单的公式以方便进行结算汇总。

（1）新建一个Excel文档，并将其命名为“现金日记账”，以便查看。打开文档后，在下方同时插入几个表格，按月份命名，为后面月份记账做准备，如图11-1所示。如果想要对工作表名称进行修改，则可以双击选中当前名称，然后进行修改。

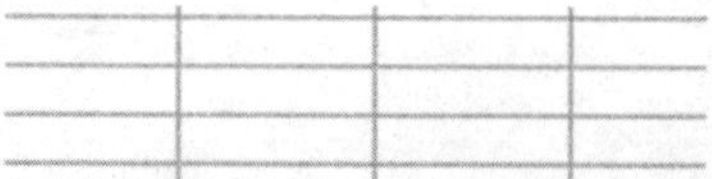

图 11-1 按月份设置工作表名称

（2）首先将表格首行中的前6个单元格合并作为标题栏，然后选中一部分表格作为记账栏，接着选择“边框”下拉列表中的“所有框线”为表格添加框线，如图11-2所示。

（3）在表格首行输入“现金日记账”作为标题，同时输入“单位：

元”；将表格第二行进行合并，作为填写出表日期栏，如图11-3所示。

图 11-2　为表格添加框线

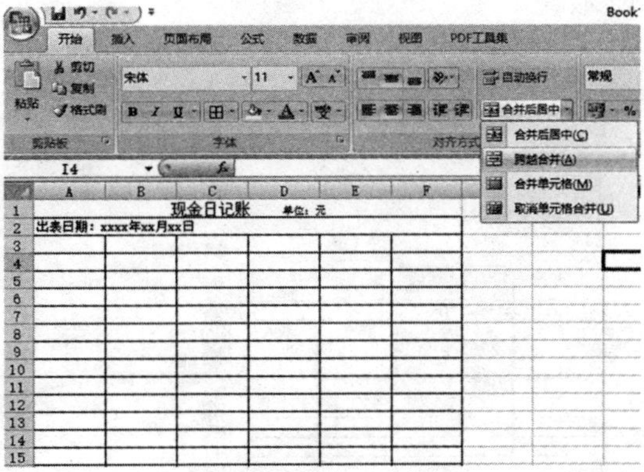

图 11-3　设置表格标题和出表日期

（4）在表格第三行的前6列中分别输入“序号”“日期”“摘要”“收入”“支出”“余额”作为各科目栏小标题，并将其居中显示，如图11-4所示。

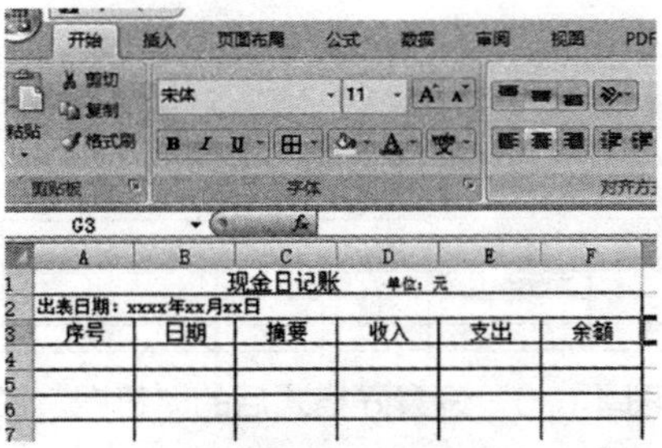

图 11-4　设置表格各科目栏小标题

（5）给“日期”栏设置格式。首先单击日期所在列顶部的列项，可直接选中该列的全部栏，然后单击鼠标右键，在弹出的快捷菜单中选择“设置单元格格式”命令，弹出“设置单元格格式”对话框，在“数字”选项卡下的“分类”列表框中选择“日期”选项，在右侧的“类型”列表框中选择自己觉得合适的格式（通常选择标准的“年月日”格式），如图11–5所示。这样可以方便出纳在填制日记账时简化规范填写的步骤，即使在填制时简单地输入“2020/8/1”也可以转换为标准的“2020年8月1日”格式，如图11–6所示。

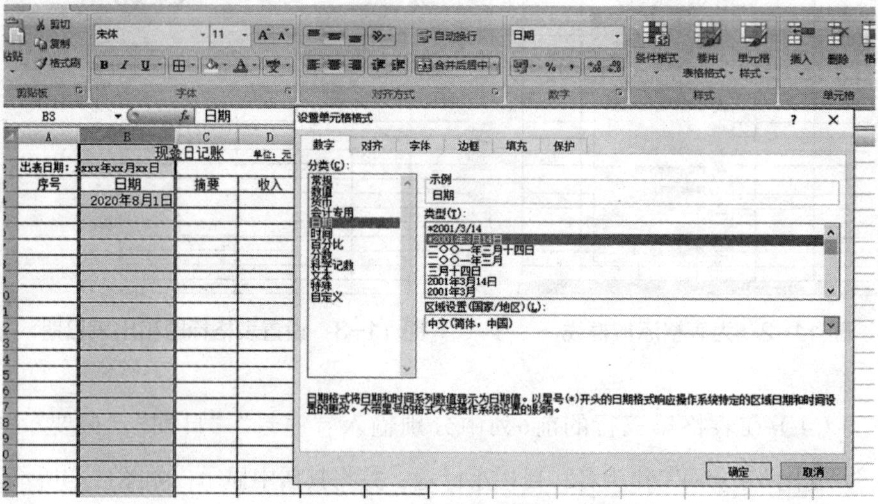

图 11–5　设置“日期”栏的格式

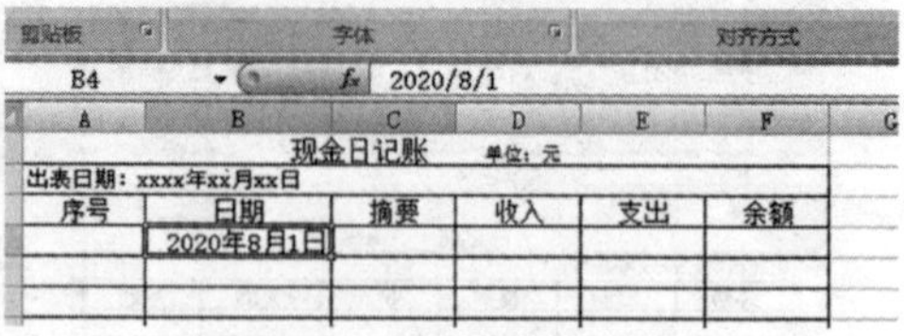

图 11–6　设置好格式后的“日期”栏

（6）对“收入”“支出”“余额”栏的格式进行设置。

首先使用与上一步选中“日期”栏相同的方法来选中“收入”栏，然后单击鼠标右键，在弹出的快捷菜单中选择“设置单元格格式”命令，弹出“设置单元格格式”对话框，在“数字”选项卡下的“分类”列表框中选择“货币”选项，右侧的“小数位数”选择“2”；“货币符号（国家/地区）”可随意选择“有”或“无”，在本节示例中选择的是“无”；“负数”选择第一种只标红、无负号的类型，这样更符合财务上的记账习惯，如图11-7所示。通过设置单元格的标准格式，既可以简化登记，又可以使账目更加清晰、标准，有助于之后的账目汇总与查看。在设置好格式后，当我们输入金额时，即使简单地输入数字“2578.6”，也可以得到标准财务记账格式下的“2,578.60”，如图11-8所示。

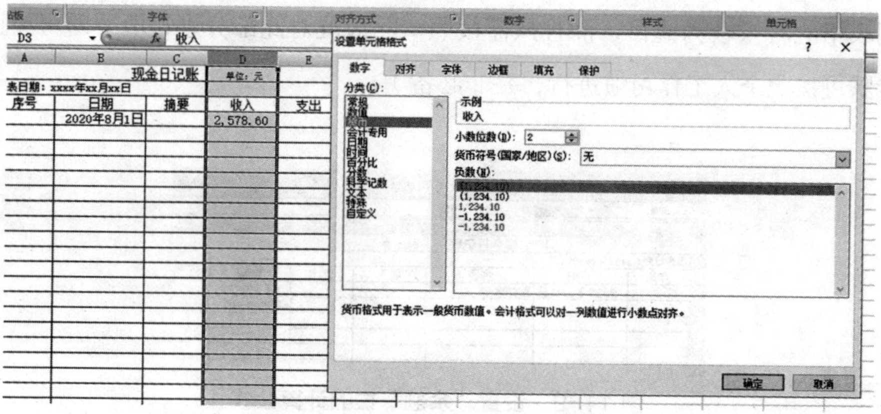

图 11-7 设置“收入”栏的格式

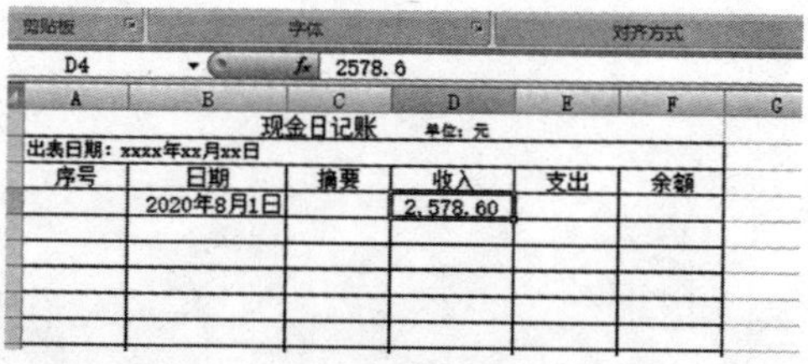

图 11-8 设置好格式后的“收入”栏

对于“支出”和“余额”栏的格式设置，步骤与“收入”栏的格式设置步骤一样，这里就不再赘述了。

（7）对于“余额”栏，在月初往往需要在当月记账开始之前先设置“期初余额”来登记上个月留存下的余额。在登记好期初余额后，需对“余额”栏设置一个公式：选中“期初余额”行下一行的“余额”栏，在英文输入状态下输入“=F4+D5−E5”，这样，在该行登记业务时，余额即可自动得出，如图11−9所示。在公式输入完成后，将鼠标指针移至该栏的右下角，当鼠标指针呈黑色实心十字形的时候单击并向下拖动至该表的本列末，将公式复制到余额全栏，后面的余额都将按照这个公式计算得出，如图11−10所示。

将前面正常填写日记账内容的部分选中，将其设为其他颜色，这样在绘制表格的时候较为醒目，而且只需按照实际情况对此部分进行填写即可（此步骤可按照个人工作习惯进行，并非必备）。

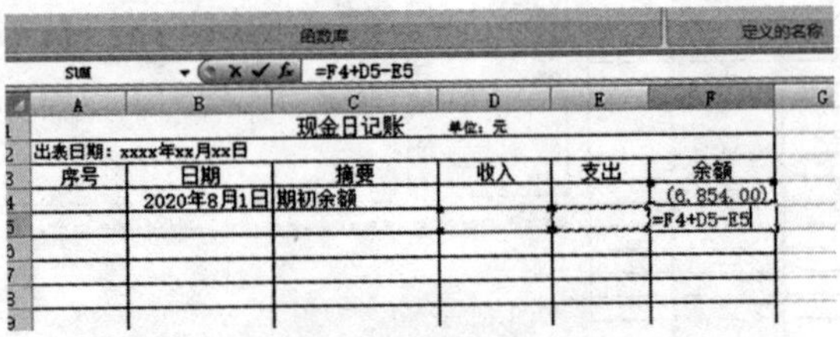

图 11−9 设置“余额”栏的计算公式

F5 fx =F4+D5-E5

A	B	C	D	E	F
		现金日记账	单位：元		
出表日期：xxxx年xx月xx日					
序号	日期	摘要	收入	支出	余额
	2020年8月1日	期初余额			(6,854.00)
1	2020年8月1日	李华付款1000元	1,000.00		(5,854.00)
					(5,854.00)
					(5,854.00)
					(5,854.00)
					(5,854.00)
					(5,854.00)
					(5,854.00)
					(5,854.00)
					(5,854.00)
					(5,854.00)
					(5,854.00)
					(5,854.00)
					(5,854.00)
					(5,854.00)
					(5,854.00)
					(5,854.00)
					(5,854.00)
					(5,854.00)
					(5,854.00)
					(5,854.00)
					(5,854.00)
					(5,854.00)
					(5,854.00)

图 11-10 将公式复制至“余额”全栏

（8）在前面的表格制作工作全部完成后，需对本月的日记账进行汇总核算。所在表格的最后一行添加一行进行核算。在“摘要”栏中记“合计”，在对应该行的“收入”栏中输入公式“=sum()”，这时从头到尾选中本月收入，按Enter键即可得到总和，如图11-11所示。在得到“收入”栏的总和后，如果支出也需要汇总，则可以将鼠标指针移至收入总和栏的右下角，当鼠标指针呈黑色实心十字形时将其向右水平拖动，这样“收入”栏的总和公式也会复制到“支出”栏，从而得到“支出”栏的总和。

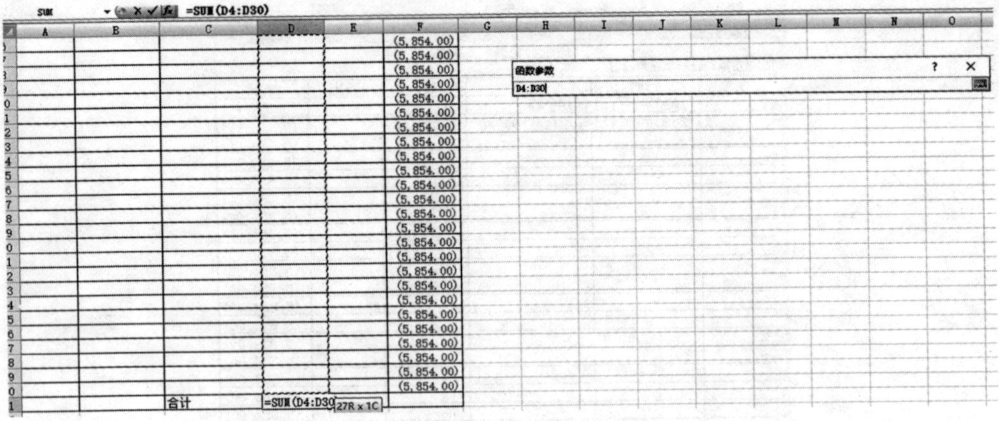

图 11-11 在“收入”栏末尾设置求和公式

以上就是用Excel处理当月现金日记账的全部操作内容。若想对下个月的现金日记账进行编制，则可以将本月的表格带着格式复制粘贴到下个月的表格中，再将其中的内容删除，只保留格式，这样就可以直接在表格中输入当月的实际数据，无须重新制作表格。

第二节　用Excel处理银行日记账

出纳用Excel来处理银行日记账的方式与处理现金日记账方式大致一致。接下来对如何用Excel处理银行日记账进行步骤上的详细介绍。

（1）新建一个Excel文档，并将其命名为“银行日记账”，以便查看。打开文档后，在下方同时插入几个表格，按月份命名，为后面月份记账做准备，如图11-12所示。如果想要修改工作表名称，则可以双击选中当前名称，然后进行修改。

图 11-12　按月份设置工作表名称

（2）首先将表格首行中的前6个单元格合并作为标题栏，然后选中一部分表格作为记账栏，接着选择“边框”下拉列表中的“所有框线”为表格添加框线。接下来在表格首行输入“银行日记账”作为标题，同时输入“单位：元”；将表格第二行进行合并，作为填写出账日期栏，如图11-13所示。

图 11-13　为银行日记账设置表头

（3）在表格第三行的前6列中分别输入“凭证号”“日期”“摘要”“收入”“支出”“余额”作为各科目栏小标题，并将其居中显示，如图11-14所示。

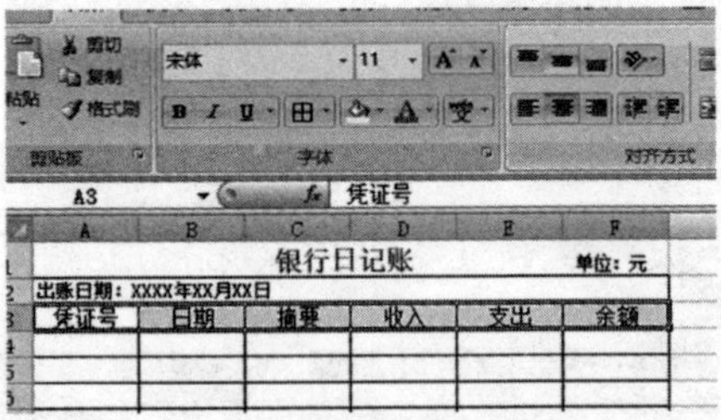

图 11-14　设置表格各科目栏小标题

（4）给“日期”栏设置格式。单击日期所在列顶部的列项，可直接选中该列的全部栏，然后单击鼠标右键，在弹出的快捷菜单中选择“设置单元格格式”命令，弹出“设置单元格格式”对话框，在“数字”选项卡下的“分类”列表框中选择“日期”选项，在右侧的“类型”中选择自己觉得合适的格式（通常选择标准的“年月日”格式），如图11-15所示。

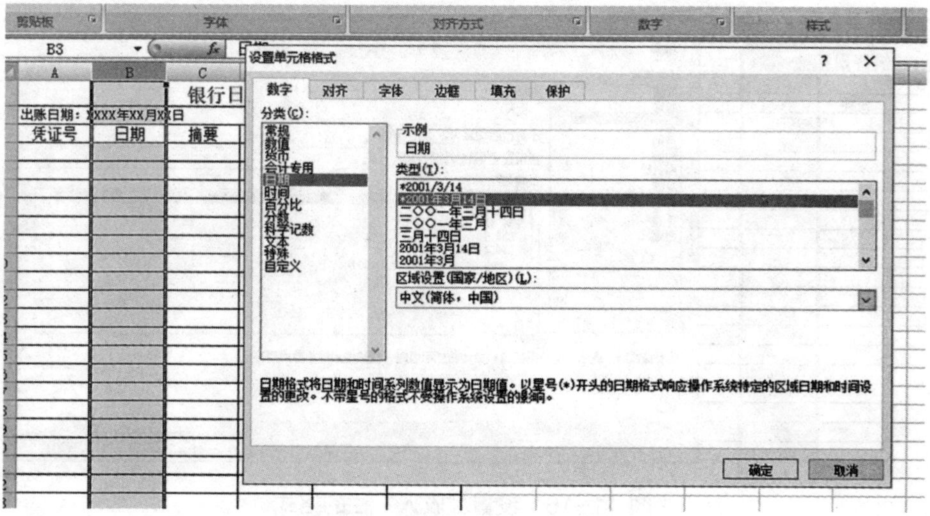

图 11-15　设置“日期”栏的格式

（5）接下来对“收入”（“支出”“余额”）栏的格式进行设置。首先使用与上一步选中“日期”栏相同的方法来选中“收入”栏，然后单击鼠标右键，在弹出的快捷菜单中选择“设置单元格格式”命令，弹出“设置单元格格式”对话框，在“数字”选项卡下的“分类”列表框中选择“货币”选项，右侧的“小数位数”选择“2”；“货币符号（国家/地区）”可随意选择“有”或“无”，在本节示例中选择的是“无”；“负数”选择第一种只标红、无负号的类型，这样更符合财务上的记账习惯，如图11-16所示。通过设置单元格的标准格式，既可以简化登记，又可以使账目更加清晰、标准，有助于之后的账目汇总与查看。

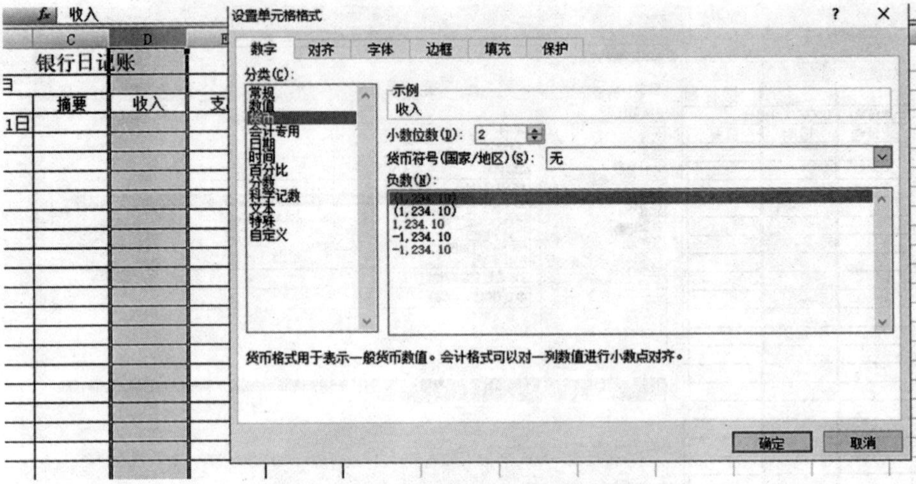

图 11-16 设置“收入”栏的格式

对于“支出”和“余额”栏的格式设置，步骤与“收入”栏的格式设置步骤一样，这里就不再赘述了。

（6）对于“余额”栏，在月初往往需要在当月记账开始之前先设置“期初余额”来登记上个月留存下的余额。其格式如图11-17所示。在登记好期初余额后，需对“余额”栏设置一个公式：选中“期初余额”行下一行的“余额”栏，在英文输入状态下输入“=F4+D5-E5”，这样，在该行登记业务时，余额即可自动得出，如图11-18所示。在公式输入完成后，将鼠标指针移至该栏的右下角，当鼠标指针呈黑色实心十字形的时候单击并向下拖动至该表的本列末，后面的余额都将按照这个公式计算得出。

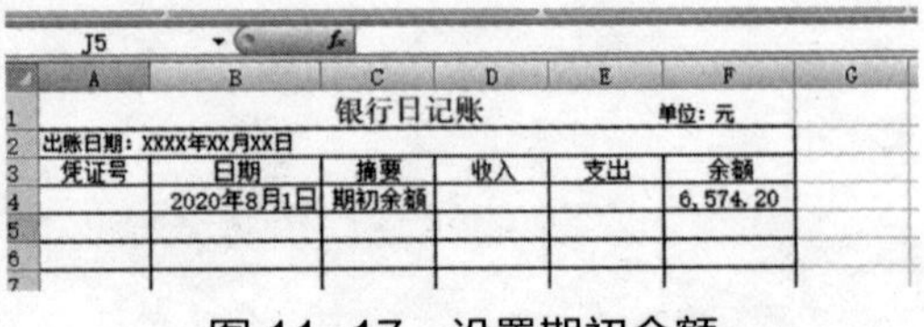

图 11-17 设置期初余额

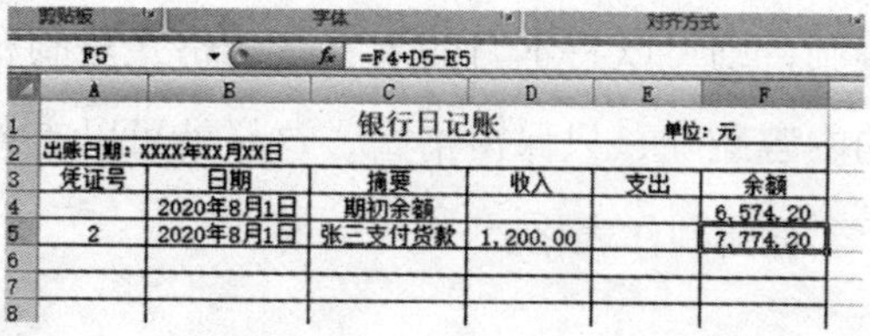

图 11-18　设置“余额”栏的计算公式并登记业务

（7）在前面的表格制作工作全部完成后，需对本月的日记账进行汇总核算。所以在表格的最后一行添加一行进行核算。在“摘要”栏中记“合计”，在对应该行的“收入”栏中输入公式“=sum()”，这时从头到尾选中本月收入，按Enter键即可得到总和，如图11-19所示。在得到“收入”栏的总和后，如果支出也需要汇总，则可以将鼠标指针移至收入和栏的右下角，当鼠标指针呈黑色实心十字形时将其向右水平拖动，这样“收入”栏的总和公式也会复制到“支出”栏，从而得到“支出”栏的总和。

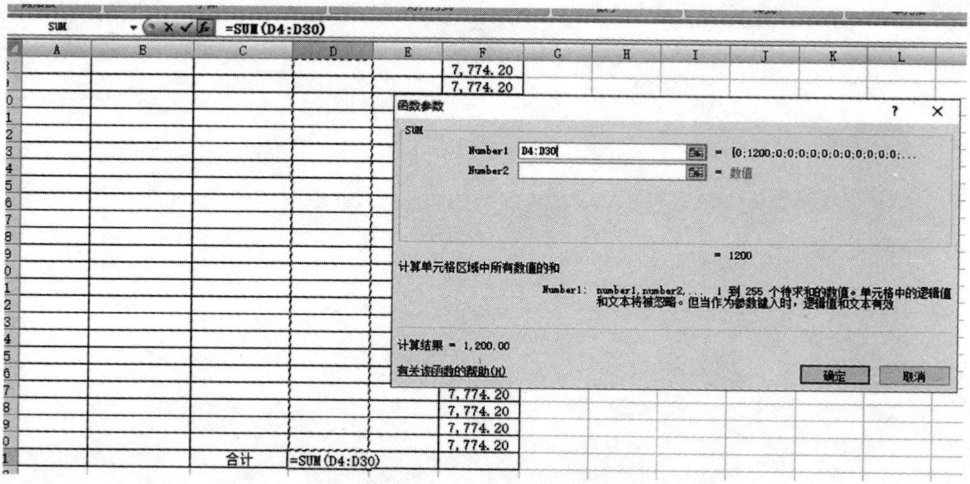

图 11-19　在“收入”栏末尾设置求和公式

以上就是用Excel处理当月银行日记账的全部操作内容。若想对下个月的银行日记账进行编制，则可以将本月的表格带着格式复制粘贴到下个月的表格中，再将其中的内容删除，只保留格式，这样就可以直接在表格中输入当月的实际数据，无须重新制作表格。

第三节　用Excel编制员工工资表

第七章阐述了处理工资业务的相关流程，本节重点讲解Excel在处理工资业务中的应用，包括处理制作员工工资表，对表格中的数据进行及时更新，对表格进行日常维护以保证工资表能够正常运行。在日常工作中，出纳要保护和维护好表格的运行及其中的数据准确、不丢失。

一、设置工资表各栏表头

在表格首行从左至右依次将员工工资表里需要登记的相关数据按照各科目栏作为小标题，分别为工号、姓名、性别、部门、基本工资、职务工资、福利费、养老金、医疗金、公积金、应发工资、个人所得税及实发工资。输入完成后，选中各栏，将其居中显示，如图11-20所示。

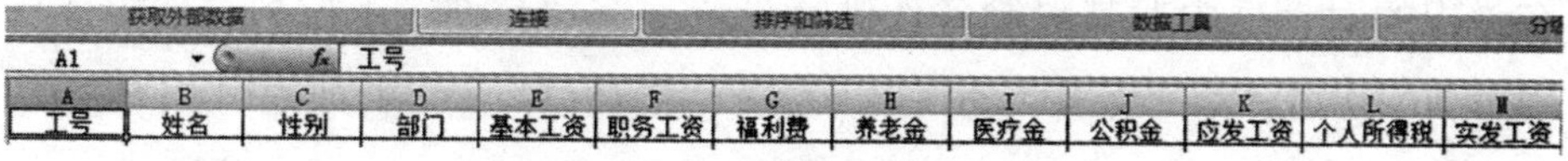

图 11-20　设置工资表各栏表头

二、设置“性别”和“部门”栏的数据有效性

“性别”和“部门”栏输入的内容是有定向选择的，需要对其可输入数据的有效性进行设置，这样可以有效避免出纳在录入数据时出现失误。

设置“性别”栏的数据有效性，需要选择“数据”→“数据有效性”命令，弹出一个对话框，在其中对其限制条件做出进一步规定。在“允许”下拉列表框中选择“序列”选项，在“来源”编辑框中输入“男,女”（逗号必须是在英文状态下输入的），然后单击“确定”按钮，如图11-21所示。

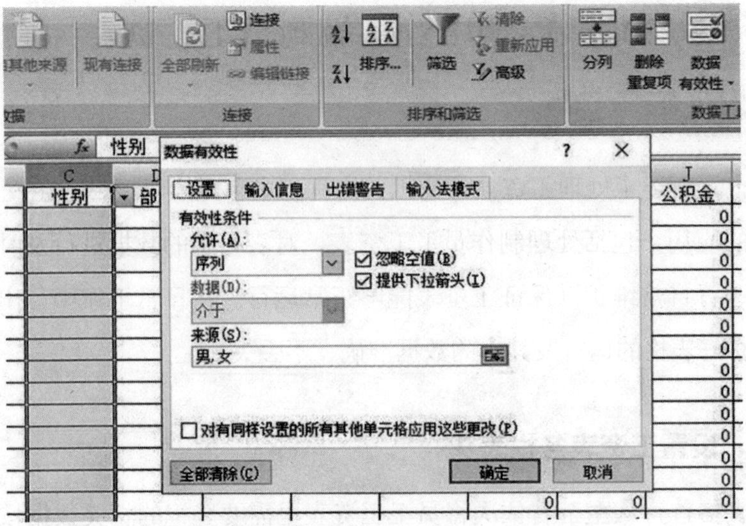

图 11-21　设置“性别”栏的数据有效性

对于“部门”栏数据有效性的设置，基本与“性别”栏的数据有效性设置一致。首先选中“部门”栏，然后选择“数据”→“数据有效性”命令，在弹出的对话框中对其限制条件进行设置。在“允许”下拉列表框中选择“序列”选项，在“来源”编辑框中输入公司部门，如“管理部门,财务部门,生产部门”等（逗号必须是在英文状态下输入的），如图11-22所示。

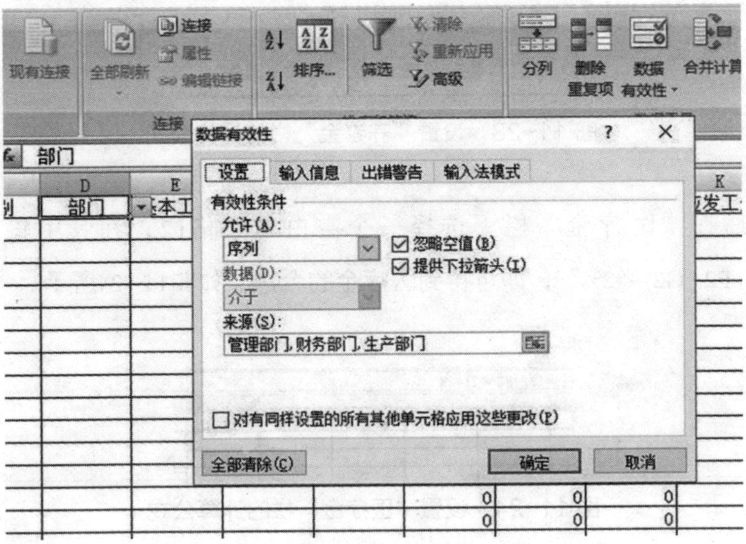

图 11-22 设置“部门”栏的数据有效性

三、计算应发工资

只有先计算出养老金、医疗金、公积金的金额，才能进一步计算应发工资。

养老金的计算公式为：养老金=（基本工资+职务工资+福利费）×8%。

医疗金的计算公式为：医疗金=（基本工资+职务工资+福利费）×2%。

公积金的计算公式为：公积金=（基本工资+职位工资+福利费）×10%。

应发工资的计算公式为：应发工资=基本工资+职务工资+福利费−养老金−医疗金−公积金。

在Excel表格中，首先在“养老金”栏下的一个单元格中输入公式，如选择H2单元格，输入公式“=(E2+F2+G2)×8%”，即可得到养老金的金额，如图11−23所示。

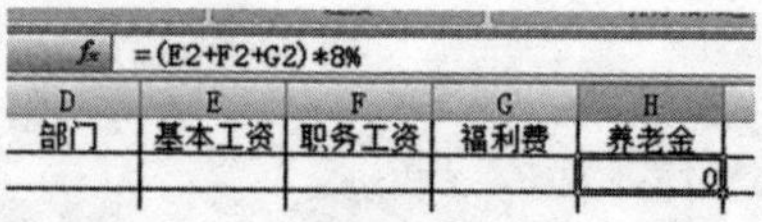

图 11-23　设置“养老金”栏的计算公式

然后在“医疗金”栏下选择一个空白单元格I2，在其中输入公式“=(E2+F2+G2)×2%”，即可得到医疗金的金额，如图11-24所示。

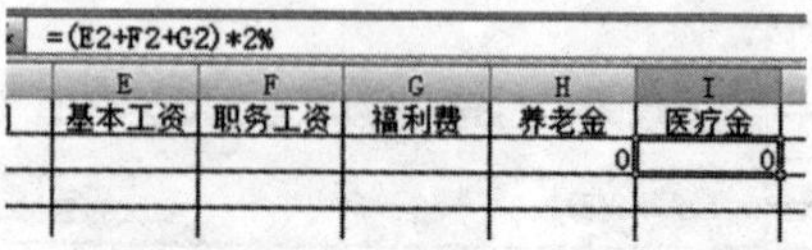

图 11-24　设置“医疗金”栏的计算公式

接着在“公积金”栏下选择一个空白单元格J2，在其中输入公式“=(E2+F2+G2)×10%”，即可得到公积金的金额，如图11-25所示。

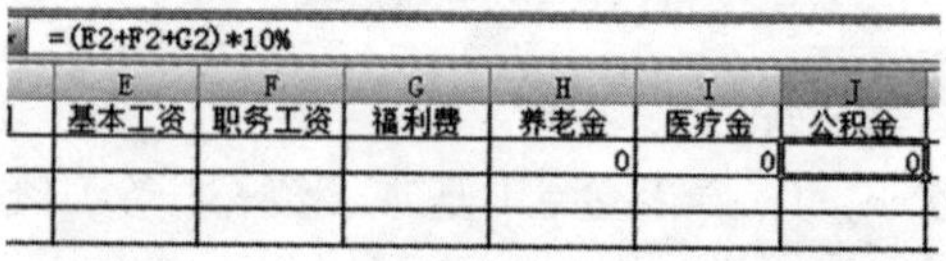

图 11-25　设置“公积金”栏的计算公式

通过以上步骤，即可得到养老金、医疗金、公积金的金额，接下来就可以进行应发工资的计算了。在“应发工资”栏下选择K2单元格，在其中输入公式“=E2+F2+G2−H2−I2−J2”，即可得到该行的应发工资，如图11-26所示。

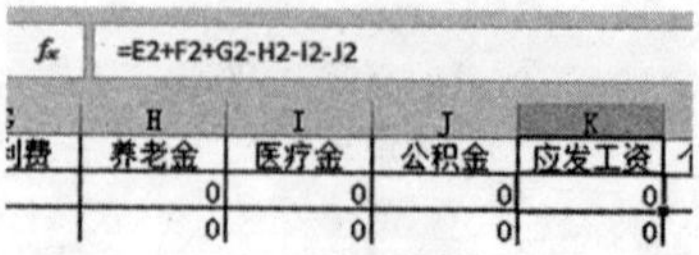

图 11-26　设置“应发工资”栏的计算公式

四、计算个人所得税

根据我国税法的相关规定，个人获得的工资、薪金所得应缴纳个人所得税。对于个人所得税的缴纳，在第七章中有统一的计算公式，即“个人所得税=应纳税所得额×税率-速算扣除数”。

个人所得税有不同的缴纳级别，在Excel表格中，对于这种需要分级计算的金额，需要用到IF函数。如图11-27所示，在“个人所得税”栏下选择一个空白单元格如L2，在其中输入公式“=IF(K2−5000<0,0,IF(K2−5000)<3000,(K2−5000)×3%,IF(K2−5000)<12000,(K2−5000)×10%−210,IF(K2−5000)<25000,(K2−5000)×20%−1410,"复核"))))”。如果企业中存在收入更高的人群，则可依照此公式继续向下编辑，直至全部覆盖企业内部员工的工资区间。这样只需输入员工的基本收入信息，就可以自动计算出员工需缴纳多少个人所得税。

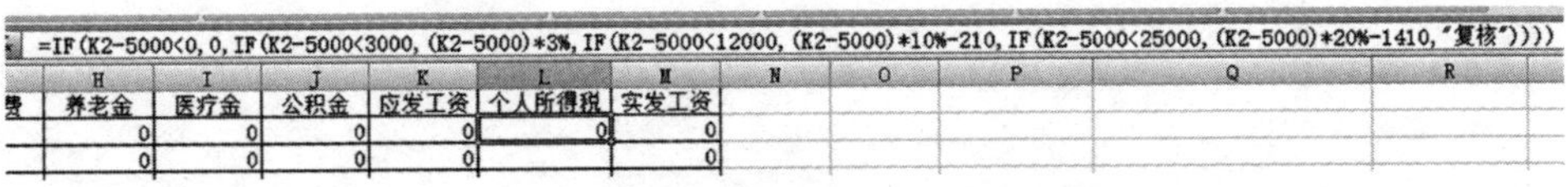

图 11-27　设置“个人所得税”栏的计算公式

五、计算实发工资

到了计算实发工资这一步就变得十分容易了，只需用之前计算好的应发工资减掉员工需缴纳的个人所得税即可得到员工实际到手的工资数额。

如图11-28所示，在“实发工资”栏下选择一个空白单元格如M2，在其中输入公式“=K2−L2”，就可以得到实发工资的数额。

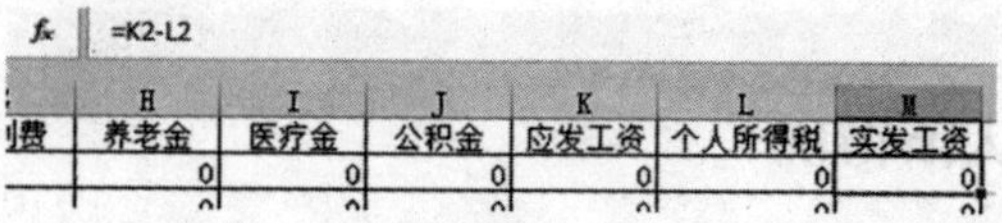

=K2-L2

	H	I	J	K	L	M
费	养老金	医疗金	公积金	应发工资	个人所得税	实发工资
	0	0	0	0	0	0

图 11-28　设置“实发工资”栏的计算公式

将以上所有设有公式的栏，在鼠标指针呈黑色实心十字形的状态下拖动至表格末尾，以将其公式复制给该栏下的每一个空白单元格，这样在输入数据时就可以直接得到结果。

经过以上步骤，出纳就完成了员工工资表的制作。每月员工的薪资情况都有可能不同，比如奖金是否增加或减少、员工是否有职级调动、国家是否新改动了个人所得税起征点与税率，以及国家是否调整了各类社会保险的缴纳比例等。所以，出纳应根据公司内部变动及社会大环境下各类政策的变化，及时对表格中的数据及计算公式中的百分率进行调整，以保证员工工资表能够时刻保持准确的状态。

第四节　用Excel对账

财务人员在进行对账时往往需要核对很多数据，在利用Excel处理数据后，就能够更加简单、快速、有效地进行账目核对。一般企业在核对账目时，一般需要与自家账目进行核对以及与其他公司的账目进行核对，所以总会出现参差不齐、顺序混乱、格式不一致、数据分散在多个表格中等情况。下面介绍如何处理这些情况。

一、数据顺序一致

数据顺序一致主要是指两个表格中的数据顺序都是对应一致的，财务需要做的是核对两个表格中每笔业务的金额是否一致，这个时候只需在空白栏中加上能够使同行的对应金额相等即可。

首先在Excel表格中选取一个空白栏，如图11-29所示，选取D列。然后选中一个空白单元格如D2，输入公式“=C2=G2”。因为同一行除需要核对的金额外，其他数据都是一致的，所以只需核对金额栏即可。如果金额一致，则会显示“TRUE”；如果金额不一致，则会显示“FALSE”，这样就可以快速、清晰地得出哪一行的金额存在问题。

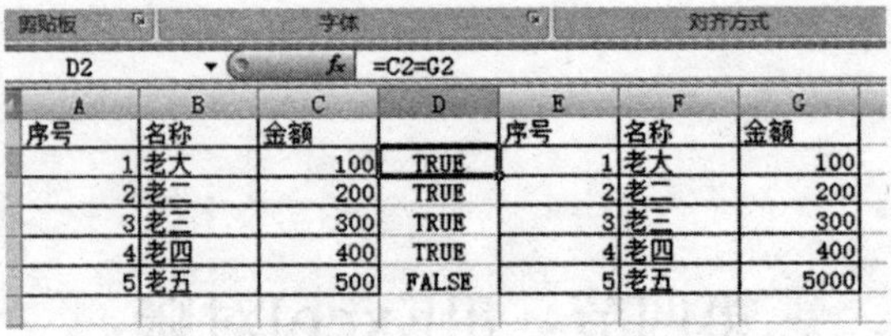

A	B	C	D	E	F	G
序号	名称	金额		序号	名称	金额
1	老大	100	TRUE	1	老大	100
2	老二	200	TRUE	2	老二	200
3	老三	300	TRUE	3	老三	300
4	老四	400	TRUE	4	老四	400
5	老五	500	FALSE	5	老五	5000

图 11-29　在中间空白栏中设置验证栏（数据顺序一致）

二、数据顺序不一致

如果两个表格中的数据顺序不一致，那么在核对金额时就会需要更大的工作量，因为在这种情况下不能直接核对金额，这种情况在日常账目核对中才是更为常见的。例如，两个企业各自的日记账，由于往来款项在处理过程中会存在时间延迟，可能未及时处理，或者后处理的业务却先完成了结算等，这就需要通过Excel的辅助来更轻松、快速地完成核查，这里使用的函数是VLOOKUP。

首先在Excel表格中选取一个空白栏，如图11-30所示，选取D列，并在其中选取一个空白格如D3。然后在D3单元格中输入公式"=VLOOKUP(A3,$E$3:$G$7,3,0)=C3"，按Enter键后可直接得到结果，如果金额没有错误就会显示"TRUE"，否则显示"FALSE"。在这里发现序号为5的这笔业务信息出现了错误。

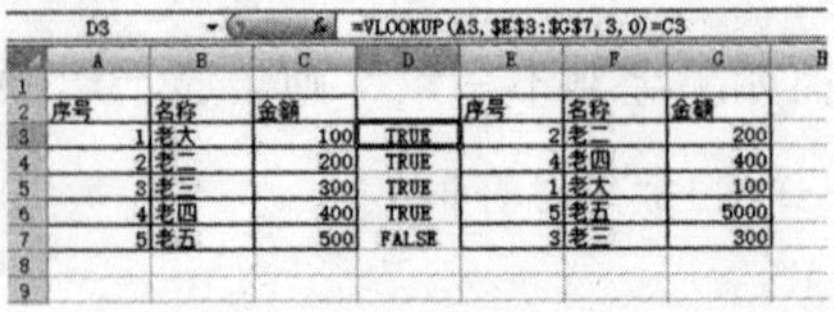

	A	B	C	D	E	F	G
1							
2	序号	名称	金额		序号	名称	金额
3	1	老大	100	TRUE	2	老二	200
4	2	老二	200	TRUE	4	老四	400
5	3	老三	300	TRUE	1	老大	100
6	4	老四	400	TRUE	5	老五	5000
7	5	老五	500	FALSE	3	老三	300

图 11-30　在中间空白栏中设置验证栏（数据顺序不一致）

三、核对两个表格中出现金额的次数是否一致

在财务人员进行账目核对时，有时数据量过于庞大，且金额重复率较

高，在这种情况下，只需简单地核对两个表格中的数据或者金额的重复次数是否一致即可。这时可以采用Excel中的数据透视表进行核对。

首先需要将两个表格中的数据复制粘贴至一个表格中，如图11-31所示。

选择“插入”→“数据透视表”→“数据透视表”命令，插入数据透视表，如图11-32所示。

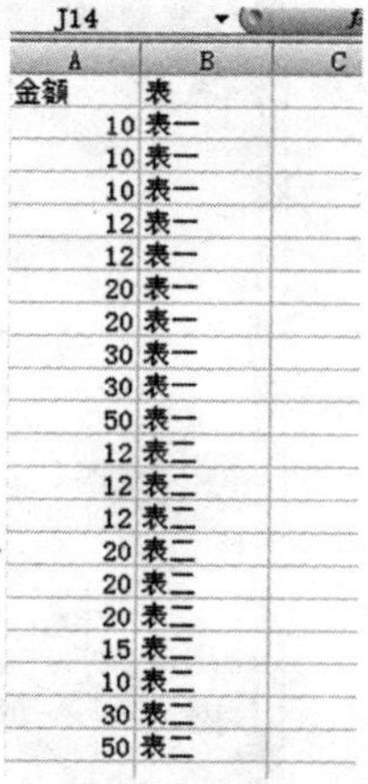

图 11-31　将两个表格中的数据复制粘贴于一个表格中

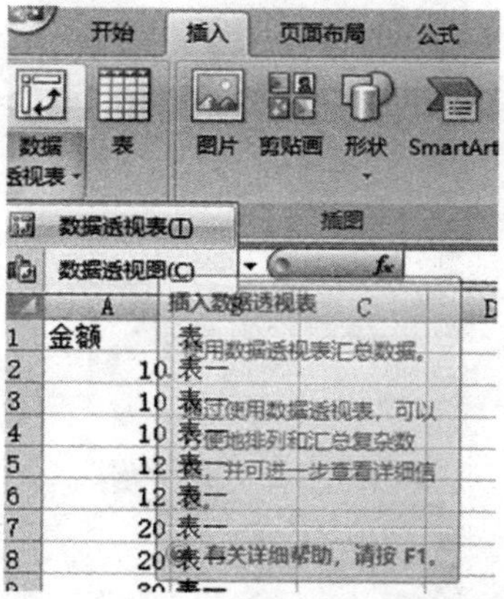

图 11-32　插入数据透视表

选中A1单元格，然后会弹出一个对话框，这时并不需要设置任何值，保持默认设置即可，如图11-33所示。

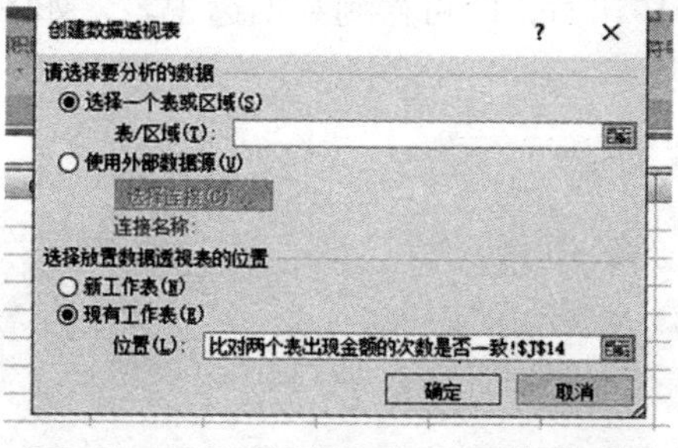

图 11-33　保持对话框中的默认设置

在屏幕右侧的“数据透视表字段列表”窗格中，将“金额”字段拖动到“行标签”下，将“表”字段拖动到“列标签”下，如图11-34所示。

单击“数值”下的“求和项：金额”右侧的下拉箭头，在弹出的下拉列表中选择“值字段设置”选项，如图11-35所示。

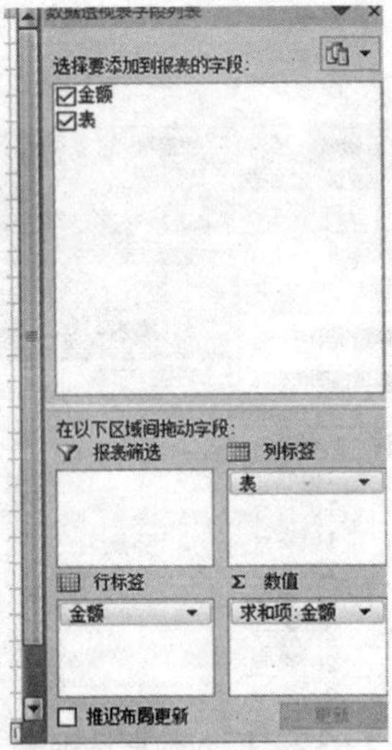

图 11-34 将“金额”和“表”字段分别拖动到“行标签”和“列标签”下

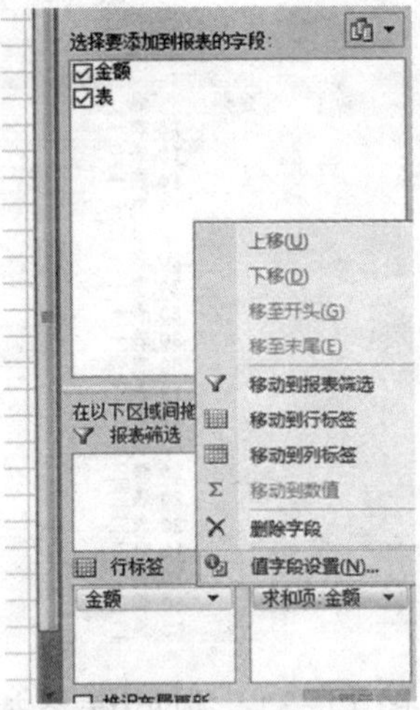

图 11-35 对求和项进行设置

弹出“值字段设置”对话框，修改下方的计算类型，在其中选择“计数”选项，如图11-36所示。

在单击“确定”按钮后，即可得到数据透视表，如图11-37所示。